自分龍に目覚める

SX

スピリチュアルトランスフォーメーション

—

八木勇生
神社インフルエンサー
YUKI YAGI

ヒカルランド

はじめに

皆さま、今作を手に取っていただき誠にありがとうございます、著者の八木と申します。今作を書くことになったのは、前作の『スピリチュアルアレルギー』がキッカケでした。

スピリチュアルアレルギーのサブタイトルにある「≒0（ニアリーイコールゼロ）」とは〝スピリチュアルは存在しない〟の意味ではありません。スピリチュアルへのアレルギーがゼロに近づくと、今まで想像し得ないような、何かが巡り始めるということであり、またゼロは「ここからスタート」「無いことが〝ある状態〟に変わる分岐点」に掛けた意味でもあります。

「今まで信じられなかった世界を感じるキッカケ」をテーマに、スピリチュアルに対してアレルギーや拒否反応を起こしてしまう方（自分も含めて笑）に対して〝もしかすると見えない力や世界はあるのかもしれない……〟そんな気付きに繋がればという思いで書かせていただきました。

前作では、自分の経験や表現力では伝えきれなかった部分もありましたが、今作を読んでいただくにあたって、基礎体力や基礎知識として前作を記しておくことは必要なステップであったと思います。まだ前作を読まれていない方は、是非併せて読んでいただけると、より一層新しいスピリチュアル像が受け入れやすくなるはずです。

さて、近年多くの企業が行っているＤＸ化（デジタルトランスフォーメーション）とは、変わりゆく時代の中で顧客や社会のニーズに合わせて各企業がこれまで行ってきたサービスや製品を変革させることを指します。

トランスフォーメーションには「変化」「変革」「変質」の意味があります。（※ Transformation の Trans を略す上でXとすることでDXと呼ばれています）

ＡＩや量子コンピュータなどの登場によって、私達の想像を遥かに超えた出来事や発見が日々出てくることでしょう。これまでの常識や考え方では理解できない現象も次々と起こるはず。だからこそ、これまで常識の範疇外にあった〝スピリチュアル〟が、新しい技術や世界と私達を結びつけてくれる重要な鍵、その役割を担うものと信じています。

自分はこれまで、肉体的な構造や鍛錬に重きをおいたスポーツトレーナーや目に見える結果を強く求められるコマーシャルなデザインクリエイターなど、精神世界や見えない力とは真逆の〝物質至上主義〟の業界で活動をしてきましたが、そうした物や形が見えることだけにとらわれた世界に閉塞と限界を感じていました。ところが、もがいていた状況の中で、ふと見えない力を信じ始めた途端、自分の状況と見える世界にも変化が起こったのです。

信じていた物の限界は、信じられない物を信じるキッカケでもあります。これも人間としてのトランスフォーメーションなのでしょう。変化、変質、変革とは〟初期化（ゼロ）〟と近い意味があります。これまでのスピリチュアルの役割を変革させると同時に、誤解されている部分やイメージを初期化させることも本著の役割であるとの想いで書きました。読者の方にも、そのようにSX＝スピリチュアルトランスフォーメーションを感じ取っていただけたら嬉しいです。

八木勇生

目次

技編　神社とのご縁を深めて開運をインストールする技術

心編　パフォーマンスを自信→自神に繋ぐ心のネットワーク

氣場編

SXを促進してくれる大自然パワースポット厳選10選

神社編　自分初期化&アップデートに最適な神社厳選8選

体編

まず運を動かすデバイス／体（魂の器）を整えよう

体を動かすことが
〝運〟を動かす源泉

魂を初期化する、変化させるのはとても難しいことです。物質、数字、エビデンスが優先される世界において目に見えない魂を変えると伝えても理解はされにくいのが現状でした。しかし、ここで私のトレーナーやクリエーター時代の経験が活きました。物質至上主義の世界で学んだ経験はこの時のためでした。

運動やスポーツを通してずっと疑問に感じていたのは体を動かすことを表す〝運動〟という名前です。「運動」とは「運を動かす」と書きますが、体を動かすのなら「体動」でも良いはずです。何故、運動という言葉がこんなに長く当たり前に使われてきたのでしょうか？

まず、運（うん）とは運ぶ（はこぶ）とも読むことから、自分が人と出会うためには意志が最初ですが、筋肉を動かし体を現場まで運ぶことが必要です。出会いや機会により心という〝目に見えないもの〟が肉体を通して喜びや悲しみや痛みを感じるのです。

運とは開運、強運、金運などスピリチュアルの世界でも数多く使われていますが、体を動かして鍛えることで行動力も上がり、体と魂を多くの場所や人と会うために運んだ結果として成功経験や新しい機会が増えて運気が上がっていると感じられるのでしょう。

魂とは肉体がなければ何も学べません。私達が見えない世界や力を感じる前にまずは、一番身近な目に見える物質である体を動かすことによって、見えない魂を動かすことができます。

体とは私達にとって生きるために必要な魂の乗り物です、スピリチュアルとは見えない力や世界を重要視しがちですが、まずは目に見える体を動かすことが目に見えない運を摑み、流れに乗る準備になります。

神社は自分の体を表している

現在の私の自己紹介も兼ねて神社と体について少し書かせていただきます。

神社インフルエンサーとして本を書いたり、トークライブをさせていただいております。〝インフルエンサー〟とは新しい言葉です。意味としては〝人々の思考や行動に大きな影響力を持つ人物〟とされていますが、一度でも神社に行ったことがある方は〝神社インフルエンサー〟だと私は伝えています。

神社によって様々な意味やルーツは存在しますが、五穀豊穣や子孫繁栄などの祈願に使われた場所といわれています。正直な話、私も5年前までは神社にはほとんど行ったことがありませんでした。行っても年に一回の初詣くらいでしょうか。笑（今では神社インフルエンサーとして本を出しているなんていまだに信じられません、、）

しかし、神社に行き始めた時にまず思ったのが鳥居は〝人間の骨盤〟と似ているなということでした。その後も調べると参道は産道であり、お宮とは子宮の意味があると聞いた時には「神社とは人間の体なのでは？」と自分の中で繋がりました。

今と違い神社が建てられた1000年以上前は医学や薬も存在しなかった時代です。流行り病や飢饉の問題などは当時の人達にとっては神に祈るしかありませんでした。神社は〝神様〟と呼ばれる大きな力や魂が宿る場所として人間の体を表していても不思議ではありません。

今ではすべてが当たり前に存在し、歴史上で一番便利な世界にもかかわらず、肉体や精神を病み自ら命を絶ってしまう出来事が絶えません。

神社の役割とは、一番は私達の体の大切さ、尊さを思い出し、先祖から引き継がれてきた体や土地を大切にし、当たり前な場所や物ではなく〝奇跡〟の繋がりを思い出すための場所だと私は信じています。

自分の体から〝身口意〟を知る

神社ではいかなる宗教の神様も等しい神様の一体です。すべての宗教は神の名前や戒律が違っても、ゴールは同じであると私は考えています。神社に祀られている神様でも宗教の神が名前や衣装を変えて祀られていることが少なくありません。

宗教用語でも良いと感じた物は積極的に自分なりに解釈して表現に取り入れることをしています。その中でも仏教の教えの一つに「身口意（しんくい）」という用語、修行があります。

「身」とは身体を使い実際に行動したり体を使うこと

「口」とは発言など実際に自分が言葉にする表現や宣言

「意」とは言葉や行動にする前の意思、感情、心を表すこの身口意の三つ〝やっていること（身）言っていること（口）思っていること（意）〟を一致させることはとても難しい修行だと言われていますが、これは神社参拝でも同じことが言えます。

神社参拝では実際に神社へ足を運びますが、これは体を使った「身」となります。神社では実際に願っていること、思っていることを神前で伝えることは「口」です。最後に一番大切な「意」とは〝心の底から願っているのか？〟ということです。

神社で願いや夢や目標を宣言したとしても自分の中で

〝果たして本当に達成できるのだろうか？〟

〝もしかしたら無理かもしれない〟

〝本当に望んでいるのだろうか？〟

など心から信じている願いを伝えることが実は一番難しいのです。願いを叶えてくれるのが神様であろうと、自分自身だとしても〝やっていること、言っていること、思っていること〟が一致しないままだと、たとえ願いが叶ったとしてもその達成感は期待と違うものになってしまいます。

神社へ願いを伝えに行く時に「自分のやっていること、言っていること、思っていることは違わないだろうか？」もう一度自分の中で身口意を一致させることを忘れないでください。

体が見えない世界への入り口

心技体とは心と技術と体の三つが揃った時に最大のパフォーマンス（結果）に繋がることです。心とは魂と考えることができます。魂を動かしてくれるのが体です、体があるから魂はこの世界を移動できます。

前作のスピリチュアルアレルギーでは「心技体」という言葉に対して「心技体の順番とは体→技→心なのでは？」と書かせていただきました。

願いを叶えるためには自分自身の最大のパフォーマンスが必要とされるのは身口意も心技体も同じです。しかし両方とも正確な順番は書かれていません。そこで「身口意」と自分の考える「体→技→心」を並べてみました。

「身」とは行動する身体→「体」

「口」とは言葉やトーク術、意思の表明→「技」

「意」とは心で思っていること→「心」

「身口意」と「体技心」の順番が一致しました。必ずしもこれが絶対に正しい順番というわけではありませんが、自分の中では完全に腑に落ちて確信に変わりました。

まずは体（身）を鍛えて充実させ、体によって技（口）ができるようになり、技により結果が出て自信という心（意）が充実することに繋がっていきます。

魂がこの世界で動くには体が必要ですが、逆に体とは見えない世界への入り口でもあります。体が正確に動き始めることで魂も正しく動き出せるのです。

引き寄せの法則が無視される理由

行動するには体を鍛えて整えることがすべての始まりになりますが、努力や取り組みによって最速で結果に繋がるわけでもなければ、願望が叶うわけでもありません。容赦なく〝引き寄せの法則〟が無視される場合もありますが、結果には必ず意味があります。

結果をすべてとして求めるのではなく、実際に体を使って行動して経験することが何よりも大切な過程です。行動の結果が失敗だったとしても失敗経験を伝えて多くの人を勇気づけることもできます。失敗をシェアすることで自分へのフィードバックにもなります。

失敗とは体を使って行動した必要な学びです。思っているだけ、口で言うだけよりも行動して失敗できたことは失敗する前より成功に近づけたことになります。私自身もトークライブで失敗経験を伝える時のほうが楽しそうだとよく言われますが、、、失敗により成功に近づけた無意識の嬉しさからなのかもしれません(笑)。

スピリチュアルとは願っていれば実現すると思われがちですが、実際には行動することでしか願いは叶いませんし、行動したとしても叶うとは限らないのが現実です。願いが叶った人の多くは成功するまでに何度失敗しても、成功への過程として失敗を受け止めて諦めずに挑戦していたのでしょう。

自分から見て成功している人に秘訣を聞いても「何も努力はしていないよ」と言われましたが、達成できる人は前提のレベルが高く、活動や行動に起こす回数も多いのだと感じたことがあります。

体を使って行動するには体力や筋力が必要ですが、トレーニングやダイエットも長期的な取り組みでしか成果は得られません。引き寄せの法則を発動させるにはまずは体の機能を引き出すことから始めましょう。

小さな引き寄せから

これは自分が20歳からやってきたスポーツトレーナー、パーソナルトレーナーとしての経験からですが、どれだけ意思が強くダイエットしたい、健康になりたいとの想いや言葉があっても、実際に取り組んでみると考えていたよりも時間やスケジュールが取れずに挫折してしまい継続できず、結果が出ないなんてこともしばしばありました。

言葉と意思だけが先行しても体がついてこない場合がほとんどです。スポーツでもTVや動画で目にした動きも実際に自分で動いてみると全くできなかったなんて経験と同じです。

願望達成への意思の強さと具体的な目標設定は確かに欠かせませんが、まずは実際に体を動かして行動することで自分の現在地が分かります。

最初から自分の体力や筋力レベルを無視して腕立て伏せを10回×3セットだなんて決めるよりも、まずは腕立て伏せを1回やってみて「1回できたぞ。1日1

回だけ腕立てをしよう」 1日1回でも達成すれば成功には違いありません。

行動を起こすとはいっても、いきなり大きな行動を起こす必要はありませんし、とんでもなく大きな目標を掲げる必要もありません。それに体力も目標も一人一人違うので平均的や一般的なんて気にしないでください。

少ない負荷や頻度でも継続することで自然と目標設定も大きくなり、結果が積み重なることで自信に繋がり心も充実していきます。

思い出してみるとスピリチュアルにハマった当初は〝悪いハマり方〟をしていました、、、。

〝できるだけ大きな目標を設定しよう〟

〝なんでも設定すればＯＫだ〟
〝思っていれば引き寄せられるはずだ〟

そんな感じで少し勘違いした悪いハマり方をしていました。
全員が全員ではありませんし、すべてのスピリチュアルの書籍や発信がこうではないと思うのですが、、、。

どうしても現実世界から目を逸らすための〝逃げ〟になっていたと今になると分かります。

時には大きな引き寄せも存在しましたが、まずは行動も目標も大小に囚われないことが大切です。

体内の果てが〝肌〟

私達は完璧な生き物ではないので、他人に対して嫌悪感を抱くことはあります。〝私はそんなこと思ったことない〟なんて神レベルの人がいたら今すぐにこの本を閉じてください（笑）。

周りの人に対して負の感情は湧かないにしても、無意識に目や耳に入ってくるニュースからも他人や世の中に対する憎しみ・怒り、妬みなど、悪いものが発生する場合はありますが、これを邪気や穢れ（けがれ）とも呼びます。

どんな理由であれ自分についてしまった邪気や穢れを祓う時に必要とされたのが水で体を清める〝禊（みそぎ）〟です。

日本の重要な神様でもあるアマテラス、ツクヨミ、スサノオも父親のイザナギがあの世から逃げ帰ってきた時に川で体を洗い流した禊によって誕生しました。

邪気や穢れとは言い換えればストレスです、肌が荒れたり体の表面に症状が出る時はストレスが原因であることが多いですが、理由は体に溜まった邪気や穢れが表面に姿を現したのでしょう。

「肌」の語源には「果て」との説がありますが、肌は内臓や筋肉と区切られているのでなく心や感情という内面の一番外側である、まさに〝体の果て〟なのです。

運動によって汗をかくことでストレスという邪気と穢れを祓うだけでなく、運動中の水分補給によって新しいエネルギーを取り入れることもできる、まさに運動とは体内からの禊です。

昔の禊というのは、滝行、断食、お遍路など体の動きを通して内側から悪いものを禊いでいたんですよね。

スピリチュアル迷子にならない

気になった神社やパワースポットがあれば現地に行くことをとても大事にしていますが、心から感動した場所もあれば、どこか怪しい場所に辿り着いたことも（笑）。何事も経験が大切なので、自分の感覚を大切にしましょう。

日本で一番有名な伊勢神宮も、今なら誰もが行けますが、昔は簡単に行けるような場所ではありませんでした。

移動手段は徒歩しかありませんし、戻って来られない可能性も高い旅路になります。だからこそ道中で体からは余分なものが落とされ、体力や筋力は向上し、自然と〝禊〟が行われて体も心も充実したタイミングで現地に到着できたはずです。

向かうまでの道中で変化した体、経験から思考に降りてきたものによって自分の内面から答えや特別な力が湧いてきたのでしょう。

スピリチュアルとは、見えたり聞こえたりする人から聞いた言葉や与えられる情報によって自分が変われるのではないか？　と思い込んでしまうケースが多いように感じますが、一番大切なのは自分自身の経験であり内側の声です。

助けを求めて、色々な人に聞きに行ったり、セミナーを受けてみたり、ひたすらパワースポットに足を運んだりと〝スピリチュアル迷子〟になってしまった方もいるのではないでしょうか？　助けを求めることが悪いとは言いませんが、あくまでも自分で出した答えの裏付け程度に留めておきましょう。

訪れた現地で待っているのは、〝神様〟と思える存在でもなければ、人生を変えてくれる魔法の道具でもありません。待っているのは現地に向かうまでに変化した〝自分自身〟です。

それこそあなたが一番待っていた人ですよね？

〝龍〟とは自分の〝流れ〟

運動の話が多くなってしまいましたが、スピリチュアルな存在である〝龍〟も体や運動と関連があります。

私自身もスピリチュアルに興味を持ったキッカケが「龍」と呼ばれる〝架空の存在〟でした。

人生が行き詰まった時に一発逆転を狙っていたので助けを求めたんです、、動機に下心があったのは素直に告白します(笑)。

龍とは古代より開運や強運の象徴とされ、古代から五穀豊穣の祈禱では雨乞いの水神として祀られています。滝や海の近くでも龍伝説は日本各地に言い伝えが存在し、神社での御手水では龍の石像から水が出ていたり本殿には木彫りの龍が飾られていたりするのを目にしたことがあるはずです。

龍や竜の字は人の名前にも使われますし、干支でも唯一架空の生き物であることも、考えてみると特別な存在ですよね。

スピリチュアルや龍の存在を信じないという人の中にも龍と名前に付く人がいるのでは⁇

日本だけでなく世界中の神話に登場したり、神社仏閣や宗教施設でも目にするのは龍に対して特別な感情を抱く人が歴史や国を超えて多いのが分かります。

アニメや漫画の世界でも龍をモチーフにしたキャラクターや物語が多いのも龍と人間の関係としてとても面白いですし、龍関係のスピリチュアル本や動画コンテンツもとても多く目にします。

「龍とは何だろう？」キッカケはスピリチュアルだったとしても、私の性格が〝目に見える証拠〟を求めてしまうんでしょうか、パワースポットや神社仏閣など日本中の龍伝説を追った時期もありましたが、龍という存在と出会った神秘体験は実際のところ感じませんでした。

もちろん旅や取材の中では「自然が美しいな〜」や「彫刻がとても素晴らしいな〜」などの感想はありました（笑）。

しかし、龍を追いかけ出した時期から本を執筆することになったり、トークライブに出演することになったり、それまでの人生では出会うことのなかった業界の方々との出会いが増えたのは龍を追った成果だったのかもしれません。

結果から考えられるのは龍とは音として同じ〝流〟だと考えると、川や滝や雲の様子が龍に比喩されることが多いのは自分が起こした流れや勢いが正解だったと教えてくれるために龍は姿を見せてくれるのでしょう。

体中を〃血龍〃で満たす

行動から出会う龍とは自分の生み出す「流れ」ですが、実際に自分の中に存在する流れにも龍はいます。

地球上にある大自然や神社仏閣やパワースポットにも龍伝説は沢山存在しますが、私達の体内には地球以上に大きなものがあります、それは血管です。

血管の長さは太い動脈や静脈、目に見えない毛細血管まで合わせると10万kmと言われてます。

地球二周分の長さもある血管が私達一人一人の体には存在しています。その長さ10万kmの血管を流れる血液こそ体内にいる龍である血龍（血流）なのです。

血液は体中に酸素や栄養を運んでくれますが、血液が作られる上で大切なのが水分です。私達の体には水は不可欠です。龍は古代から水神とも言われていたので、水は外から取り入れる水龍そのものです。

水を飲むだけでも龍を意識して繫がることができますが、水は血管へ吸収されて血と混ざり合いますが、ここでもう一つの龍と出会います。

食べ物は体内で消化され水分と一緒に腸から血液に取り込まれエネルギーとして私達の細胞や体は活動できます。エネルギーは消費カロリーとして燃焼されますが燃焼とはまさに火龍です。

血管自体も長い龍のようですが、中を通る血龍は水龍と火龍が合わさって私達を生かしてくれています。体にはミトコンドリアと呼ばれる細胞があり、血液によって酸素が運ばれることで私達の体は再生しています。

〝血龍〟に体の隅々まで動いてもらうから、私達の人生は健康で若々しく楽しむことができるのです。

背骨とは龍の名残《なごり》

私達の体には目に見える大きな龍が真ん中に通っています、それは背骨です。

背骨だけを見てみると龍と同じような形をしていませんか？　背骨の役割とは体の真ん中で動きを支えるだけではありません、脳からの指令は手足の動きだけでなく内臓の働きも脳から背骨を介して各臓器へ伝わっています。

背骨自体は骨なので動く範囲は決まっていますが、背骨の周りには細かい筋肉が幾つも存在してます。聞いたことのある名前から初めて聞くような名前の筋肉まであるので是非背骨に付着している筋肉を調べてみてください（筋肉の名前は割愛します）。

背骨とは〝鍛える〟のではなく〝整える〟ことが大切ですが、激しい運動をせずとも普通に生活をしているだけで背骨は動くので重要なことは〝普段の姿勢〟を見直すことです。

現代生活はＰＣでの作業やスマホ首など姿勢の悪化も問題視されていますが、首とは背骨なので龍の一部です。

仕事でＰＣやスマホは必要不可欠なので完全に控えることはできませんが、長時間の使用後には背骨をしっかりと動かしてバランスを取るだけでも背骨という龍はきっと喜んでくれるはずです。

何事もバランスが大切なのですべてを切り離したり極端なやり方ではなく、自分の中で割合を変えたり意識するだけでも変化に繋がります。

筋トレや有酸素運動だけでなく、ピラティスやヨガは背骨に対して考えられた動きであり、リセットになるのでぜひ自分の興味のあるものを選んで取り入れてください。

背骨とは私達が龍であったことの名残なのかもしれませんね。

内臓にも龍はいる

骨だけでなく、内臓にも腸という龍が存在しています。腸は大腸と小腸を合わせて平均で1・5mになりますが、形も龍の形ととても似ていますよね。また腸内には腸絨毛《ちょうじゅうもう》という毛のような突起細胞があるのですが、名前や形状から龍の鱗や毛のようです。

腸の働きは食べ物から栄養を血液に取り込むことはもちろん、腸が脳と並ぶ重要な器官と呼ばれる理由は幸福物質であるセロトニンが腸で分泌され脳へと送られて私達を幸せな気持ちにしてくれるからです。

例えば不安になった時に食欲がなくなったり、お腹が痛くなったりするのも脳と腸が繋がっているからです（実際の関係性は複雑ですが、誰もが経験があるはずです）。

食べ物から腸を整える〝腸活〟も流行っていますが、運動によって体温が上がり腹筋群が活発に動くことで腸の運動が促進され便通が良くなり、腸内細菌のバランスや腸内環境が整います。腸内環境が整えば自然と脳にも良い影響が行くのは自然な流れですね。

龍は開運や強運の象徴とされていますが、運が開けたと感じたり強運だと思えるのは脳が変化した結果です。想像力や解釈力が増すことで思いつかなかったことや、受け入れられなかったことがすんなりと受け入れられることは大きな成長です。

視点や意識が変わることで〝高次元〟と呼ばれる本来の自分に近づけますが、それも意識するだけでは限界があるので運動で腸という龍を育て、自分から見える世界を変えていきましょう。

龍とは理想の自分

今までのスピリチュアルにおける龍とは、「ここには龍がいる」「この人には龍がついている」と特定の場所や人に対して使われることがありましたが、幾ら日本中を巡って龍を探しても見つかりませんでしたが、実はそれで良かったのです。

何故なら龍とは形を変えて私達の中に存在しているからです。体を動かすことによって自分の中にいた龍達を目覚めさせることが日本を巡って導き出した龍に対する考え方です。歴史を辿れば昔から人々は龍という存在に惹かれ追い求めている理由とは、〝理想の自分〟を龍に重ねているのかもしれません。

龍とは、どこか遠くの特別な場所にいる存在ではなく、今までも、これからも自分の中に流れているエネルギーが龍（流）だったと気がつけると、龍がとても身近な存在に感じられます。

ヨガや瞑想において体にはエネルギーのポイントと呼ばれるチャクラがあると

言われていますが、チャクラも背骨の上を通っています。パワースポットにも龍穴と呼ばれるエネルギーが湧き出る場所が存在しますが、チャクラとは体の龍穴でありエネルギーを循環させています。背骨（骨の龍）が整い、腸（内臓の龍）の位置も正常になり、血流（血の龍）が体の隅々まで循環します。

龍が〝理想の自分〟と分かれば、自分のなりたい姿も明確になり、龍があなたの行動や選択に現れて、手助けや背中を押してくれます。

自分の中に龍がいることに気がついたら、あとは龍を動かすだけです。

脂肪も多すぎると邪気に、、

体脂肪と聞くと悪いイメージがありますが、脂肪は人間が生きる上で必要とされる三大栄養素であり、体温の維持や菌から私達を守ってくれます。脂肪が必要なのは大前提ですが、極端に体脂肪率が高すぎても低すぎてもいけません。

まず、パワースポットのパワーとは何でしょうか？　私の考えの一つにあるのが〝電気〟です。

これは静岡県の天白磐座遺跡《てんぱくいわくらいせき》に行った時の体験からですが、本殿の裏にある御神岩に近付いた時にビリビリと手のひらが痺れたので、一回だけでなく時間を置いて何度も近づきましたが毎回電気的な痺れを手に感じました。本当に痺れた時は「やっぱり見えない力はあるんだ、、」と何回も試してしまいました（笑）。

体内には微弱な電気が流れています。ペースメーカー、ＡＥＤ、心電図、脳波計は電気を送ったり、体が発する電気信号を読み取り測定をします。しかし、脂肪の特性は電気を〝通さないこと〟です。（体脂肪計は脂肪が電気を通さない性質を利用して体脂肪率を計測)。

体脂肪が高すぎるとパワースポットのエネルギーが体内へ入ってくることを妨害してしまいます。逆に筋肉は電気を通しやすい特性があるので体脂肪率が低すぎてもエネルギーが入りすぎてエネルギー酔いを起こしてしまう可能性があります。同じパワースポットや神社仏閣に行くのであれば筋肉量や体脂肪率を変化させて自分にとって感覚的にベストな状態を探してみましょう。

ちなみに、雷が地面に落ちることを稲妻と呼びますが、龍とは五穀豊穣の神様として雷に姿を変えて落ちた場所に豊作をもたらすと言われています。もしかすると、雷や電気には土壌の性質さえ変えてしまう力があるのかもしれません。

パワースポットより鏡の前へ

体脂肪率の数値は体格や筋肉量とのバランスもあるのでご自身の判断で構いません。

日常生活で体が重く感じて関節に痛みが出ていたり内臓にも悪影響を及ぼしているなど、肉体的な苦痛や疲労感を感じるようであれば脳へのストレスも増えてしまうので体脂肪率を減らしましょう。逆に体脂肪率が少ないと感じている方は食事で増やしたり筋肉をつけましょう。

具体的な方法は世の中に溢れるほど出回っていますが、自分が本気で決意すると不思議と多くの情報の中から自分に合った物や機会や人と巡り会えるはずです。

エネルギーの正体が〝電気的なエネルギー〟とは言いましたが、見えないエネルギーは私が認識できていないだけで、沢山の種類や可能性があります。

霊感や霊能力がある方は無意識に土地や街中ですれ違うだけで悪い念をもらっ

てしまう場合もあります。脂肪の「肪」は防御の「防」でもあります。憑かれやすい（疲れやすい）自覚がある方は霊的な力だけに囚われず、肉体の改善にも取り組んでみることを強くお勧めします。

美しさの基準や価値観は人それぞれです。自分が美しいと感じる姿をイメージして自信を持って行動すれば大丈夫。

パワースポットと呼ばれる場所よりも自分自身が最初のパワースポットであることが大事なので、パワースポットへやみくもに足を運ぶより、まずは鏡の前に立って自分の中にある美しさや強さを引き出しましょう。

体重計や体脂肪計などの数字だけで判断せず、全身鏡の前で自分の体型を目視で確認することも大切です。

運動によって地球と繋がる

子供の時に遊びの中で「バリアー!!」と叫んでいたのを思い出しますが、地球は中心にある直径約6４0㎞の〝鉄の核〟によって磁気バリアーが発生し、太陽風から私達生物を守ってくれています。

私達の体の中でも血液中の鉄分の動きによって体の周りに〝磁場〟を発生させ、外からの有害な電磁波や邪気から体を守ってくれるバリアーがあると考えられています。運動で血流を高め、自分で作り出す磁場によって防御力が上がることから「運動すると免疫力が上がる」と言われているのでしょう。

また、外からの静電気が体に溜まりすぎてしまった場合は裸足で地面に立ち静電気を大地に流す〝アーシング〟によって地球と私達はお互いバランスをとって共生しています。

ただし、背骨は曲線のバランスが崩れるだけでも脳からの正常な電気信号が妨害され、メンタル、内臓、筋肉に悪影響が及びます。また、筋力不足による姿勢の崩れによって、体の血液、リンパ液などの流れを滞らせてしまいます。せっかくアーシングをしようとしても、崩れた姿勢や筋肉がない状態では効果を活かすことはできません。地球の力を貸してもらうには、まず自分がどのような姿勢で地に足をつけているのかが重要です。

スピリチュアルとは魂の話に偏りがちですが、「地に足をつけて生きる」とはメンタル的な言葉ではなく、実際に正しい姿勢で大地に足をつけることで自然のパワーを循環させることができます。

地球には太陽の「火の力」と海による「水の力」が存在します。火と水が合わさり火水（カミ）となり、神が生まれます。人体にも食べ物を燃やしてエネルギーにする火の力、細胞を構成する水の力は欠かせません。

私達の中にいる神（火水）の動きを意識し、より一層地球との繋がりを強くしましょう。

筋肉は金運と繋がっている

ここで一つスピリチュアルっぽい話も（笑）。

多くの経営者が仕事前の早朝から筋トレに励んでいるという記事をよく目にしますが、筋肉の〝筋〟もお金の〝金〟も「きん」と読みますが、同じ言霊なので必ず共鳴しています。

優秀なトレーナーや最新のマシンや技術を活用することも大切ですが、効果を出すには本人の継続する強い意思が必要です。欲望をコントロールして計画的に時間を作り、長期的な目線で取り組むことが一番の効果に繋がります。

お金には人の手を渡る中で強いエネルギーや欲望が宿っています。お金の扱う額の大きさとはその人の可能性の大きさやメンタリティーの強さにも比例します。運動によって肉体とメンタルを鍛えることでお金を手にした時の使い方や増やし方などにも影響が現れます。

一時的にスピリチュアルな力や機会によって金運が上がることは誰もが聞いたことはあるでしょうが、結局のところ持続可能ではないんですよね。お金とは扱う側の人間のエネルギーによって良くも悪くも変化します。

〝お金と時間があるからジムで運動ができる〟ではありません。家の周りを20分歩くだけ、部屋で5分だけ腕立てとスクワットをする、YouTubeでヨガやピラティスを15分だけ挑戦してみるなど、方法は溢れているはずです。

私自身も執筆中に疲れを感じたら部屋の真ん中で腕立てとスクワットとブリッジをしていました（笑）。

それに筋肉を動かせば血液が循環します。血液に含まれる鉄は「金を失う」と書きます。体を動かさないと鉄分が体中に巡りませんが、お金も同じ様に世の中を巡って自分の所へ入ってきます。まずは自分の中の循環を良くすることが一番の金運向上アクションです。

よく嚙むと神になれる

食事とは人間が生きていく上で最も重要な行動であり楽しみの一つです。運動効果を上げるのも食事による栄養摂取の内容やタイミングが大きく作用します。

食べ物とはアレルギーといった体質だけでなく、ビーガンなど考え方にも個人差がありますし、何が体に良いや悪いなど変化や違いの大きい部分もありますが、すべての人とあらゆる時代でも共通する大切なことは「よく噛む」ということです。

すべての食材には命があり神が宿っています。食事とは生きるために他の生き物の命を頂戴することですが、「噛む」には「神む（かむ）」の言霊があり、噛むことでお互いの命が繋がる大切な儀式です。

しっかり噛むことで消化酵素の唾液が出ますが「消化」とは高い位置へと昇る「昇華」となり、より高い場所へと自分を昇華させる意味があります。

食事の前には「いただきます」と手を合わせますが、口の中でもしっかりと噛み合わせることで食べ物に対しての感謝の念を持って自分の中へと取り込みましょう。

ジャンクフードなど体に悪い物を食べることが決して悪いとは言いません。ただ、すべての食べ物には命が宿っていて、噛むことで自分と一体化することを理解できれば自然と選択肢としては減っていくでしょう。

〝あれもこれもダメだ〟と消去したり強く制限することは簡単ですが、すべてを併せ呑んだとしても考え方や心掛けを通して良くなっていくこともトランスフォーメーションの役割です。

ちなみに、、、私もパワースポットの帰りにサービスエリアで友人達とジャンクフードを食べますから（笑）。

衣服は医福

体を鍛えることの重要性を伝えてきましたが、良い体になり自信がついても裸で外出はできませんので必ず服は着てください（笑）。

神事でも服の色や素材は重要な意味を持っています。肌は一番外側の臓器なので服によって邪気や穢れから体を守る役割もありました。薬を飲むことを〝服用〟と呼んだり「衣服」とは「医福」なのです。

素材が体質に合わない、サイズが合わなくて窮屈といった不快感は肉体的に苦痛ですが、欲しかった洋服を着れた時の喜びは精神的な健康にも大きく作用します。そういった意味でも「衣」とは「医」なのでしょう。

ただ、ここで更に大切なのは着たい服を買うことができても、自分の想像通りに着られるわけではありません。服を着る体は〝第一の服〟服は〝第二の体〟です。どちらが先ではなく一緒に変えていくことが重要です。

運動で肉体が変化すれば同じ服でも印象が全く変わります。自分が変わり続ければ、持っている物に飽きることなく常に新しい魅力を引き出すことで、結果的に持続可能にも繋がるでしょう。

現代のファッションは選択肢が多いことは良いですが、自分の体は一生付き合っていくので気に入らないからと手放すことはできません。まさに生まれて最初に与えられた魂にとっての服（福）です。

古事記の岩戸隠れではないですが、服によって自分を隠すのではなく、表現する手段として肉体やファッションを活かしましょう。

流行とは龍行

ファッションでも使われる「流行」とは〝龍の行い〟と書いて「龍行」、まさに龍のようなエネルギーの流れです。

流行には時代や人の力が大きく流れているので、エネルギーや流れや勢いが欲しい時は積極的に取り入れましょう。

流行に乗ることも良いですが、自分から流動的に動いていれば意識せずとも、常に自信を持って自分に合う物、場所、人と繋がれる直感力が身につきます。それが大きくなれば自分が時代の流行となったり、世の中に流行を作り出すことだって可能なはずです。

流行のキッカケの多くがスマホやパソコンから広がりを見せます。スマホやパソコンを使い続けるには定期的に新しいＯＳによるアップデートが必要ですが肉体と精神や魂にも同じことが言えます。

肉体というハード（道具）を変化させることで行動力が増します。逆に行動できなければ新しい経験や知識といったOSをダウンロードできず「行動できない」「失敗が怖い」「新しいものを受け入れられない」といった事態が起こります。これはスマホ自体も定期的に新しくしなければアプリや機能がアップデートできなくなるのと同じです。

肉体を変えるのは不可能に感じますが、実は私達の体とは皮膚は4週間、血液は4ヶ月、骨は4年のスパンで入れ替わっています。もちろん運動によって代謝を上げることでそのスパンは変わり、常に新しい自分であり続けることが可能です。

運動を始めるのに遅いということは決してありません。筋肉は何歳からでも何歳になっても鍛えて増やせます。筋肉や脳細胞とは死を迎える寸前まで進化を続けますが、諦めてしまっては年齢に関係なく進化は止まってしまいます。

流行とは最先端のことです、自分を進化させていければ人生は常に今が最先端で全盛期になります。

運動は精神世界だけでなく、世界も変える

大袈裟な話ではなく、腕立て伏せができるようになるだけでも「世界」は変わります。

世界中の有名企業のCEO達は多忙な中でも体を鍛えて己を磨き、世界を新しい技術や発明によってより良くするために取り組んでいます。

普通のメンタルでは耐えられないような責任、重圧を日々感じているはずですが、体を鍛える中で負荷をかけたり、新しい動きをするだけでも脳は新しい神経回路を生み出します。トレーニングによって肉体だけでなく思考のレベルも上がり直感力、判断力、決断力が増すのでしょう。

私がスピリチュアルに対して少し疑問に感じたのは「呼ばれた人しか辿り着けない神社」「龍に選ばれる人」（皆さんもどこかで見たことがあるのでは？）といったニュアンスの言葉ですが、〝誰か〟が選ばれているのではなく、私が信じているのは〝全員〟が選ばれているということです。

誰か選ばれた人ではなく、自分で自分を選びましょう。誰もが自分の可能性を信じて行動して動くだけで世界は変わります。それが小さな変化だとしても一人一人が小さな変化を自分の中で起こしてください。誰かが世界を変えてくれるのを待つのではなく、自分を変えることこそ唯一世界を変えられる方法です。

世界や他人を変えるには時間がかかりますが、一番早く変えられるのは自分の体です。運動とは自分の精神世界だけでなく実際の世界を変えることもできるのです。

一人一人の身体が〝御神体〟

ここまで肉体や運動といった〝目に見える物〟を重要視して伝えてきたことには理由があります。

神道の「八百万（やおよろず）の神々」とは〝存在するすべてのものに神が宿る〟という考え方です。神社の御神体（ごしんたい）と呼ばれるものには木、山、川、海、岩など自然そのものが多く存在しています。

「しんたい」という言葉が同じように、私達の「身体」も「神体」です。

運動や行動によって「自信」は「自神」に繋がります。宗教やヒエラルキーに左右されず、一人一人が自分の目的に沿って生きていくことで、「自分自神」として八百万の神々の一人になれるのです。

宗教とは、ある一人が生涯を通じて、自ら行動して様々な経験を通して伝えた生き方や言葉なのです。残された言葉や叡智は素晴らしいものですが、自分ではない誰かを信じる中で支配や階級が生まれたり、教えとは関係のない因縁や怨恨が戦争に発展することが昔も今も問題なのです。

八百万の精神においては一人一人が唯一の神です、それさえ分かれば決して人間同士が争って傷つけ合う必要がないことは誰にでも分かります。

「肉体は一時的な乗り物」との考え方もありますが、肉体とは先祖や親が一生懸命に生きて繋いでくれた宝物です。決して命を軽視せずに、与えてもらった肉体に甘んじることなく進化させることで細胞の中で生きている御先祖様達も自分を通して今を生きることができるはずです。

スピリチュアルにおける神様やご先祖様とは〝見えない何か〟ではなく〝目に見える自分〟に宿っています。

最初のエビデンスは自分の経験

筋トレや運動とは科学的、医学的にもエビデンスがあります。だからこそスピリチュアな存在を信じている人も信じていない人にも受け入れやすいのですが、エビデンスがあるからといっても運動をしなければ効果はありません。

そもそもエビデンスとは「根拠」「証拠」「裏付け」などを表しますが、スピリチュアルにはエビデンスがほとんどありません。だからこそ好みが分かれるのかもしれませんが（笑）。

どんな検証をどのくらいの人数と時間かけて導き出したのか深く追求せずに、「エビデンスがあるから大丈夫」と言われたら信じてしまうのも問題です。疑問に感じたのであれば行動して、自分が最初のエビデンスを作る気持ちが必要です。

重要なのは自分の経験や行動から導き出したエビデンスであり、それが決して科学的な検証や裏付けがなかったとしても、信じるべき直感なのです。

あなた自身が作り上げたエビデンスこそがあなたの人生で最も役に立つのです。

スピリチュアルでは〝見える、感じる、聞こえる〟など特別な力のある人の言葉や行動が重要視されがちですが、心から共感した場合はもちろん信じることは良いですが、少しでも自分の感覚と違うと思ったのなら自ら行動して何が正しいのか？　何が信じられるのか？　を自分のエビデンスとして追求してください。

私の書いていることだって誰かにしてみたら「胡散臭い」「信じられない」と感じていただいて良いのです。むしろそう感じたのならすぐに本を閉じて行動してください。

自己流（龍）を楽しむ

ここまで体について書いてきましたが、スピリチュアルとは見えないエネルギーのことを指しますが、体に対して多くのページを割いた理由が〝トランスフォーメーション〟にあります。

22年6月に前作の『スピリチュアルアレルギー』が発売された後ですが、出版イベントやトークライブが続いて体調を崩してしまいました。症状としては咳や熱など流行りのアレに掛かってしまった感覚ですが、何度検査しても陰性でした、、、。 1週間ほど強制的に部屋で自主隔離してベッドで寝ながら考えていました。トレーナーの経験から自分のこれまでの習慣やトレーニング方法をすべて変えてみようと決心したのです。

今作は〝このトレーニングが良いですよ〟と具体的な運動方法を提示することが目的ではないのであくまでも体を動かすことが重要だと伝えさせていただきます。

一人一人怪我や既往歴が違えばアレルギーや体質も違います。すべての人に共通して効果的な運動とは実際に自分が信頼できるトレーナーや方法を選ぶことが大事です。

これは開運方法やお勧めの神社を聞かれた時にも答えているのですが、一人一人生まれた場所や生活習慣、目指している目標や開運したい目的などは違うので、相手としっかり話をしてからお勧めの神社をご紹介するようにしています。

神社も運動も自分に合ったもの見つけるには試行錯誤が大事です。探す過程こそ一番楽しい時間です、楽しんだ結果が開運や大きな転機を呼び込むことに繋がります。

自己流では限界が来たり、頭打ちになってしまうと言われていますが、アスリートやビジネスの世界でもトップにいる方々は最終的に色々な経験や技術を吸収して消化させて自己流に〝昇華〟させています。

現代は型に囚われたり、隣の人と同じ様にする必要のない多様性な時代です。

龍とはその容姿から奇抜であり独特ですが、龍とは多様性の象徴でもあり、それぞれが人と違うからこそ人と違うものを手にできる、まさに自己龍こそ〝最強の龍〟だと私は信じています。

現代はＳＮＳによって、一人一人の個性が際立つ時代です。自分の姿、言葉、世界観を通して個性を磨くことで、自分の中にいる龍を育てることにも繋がります。

私自身もＳＮＳによって神社、パワースポット、龍をテーマに発信を始めた頃は見ていただけることも少なかったですが、続けることで必ず流れは起こります。

どんな方法でも構いません、あなたの中にいる個性的な龍を眠ったままにせず、どうか大きく育ててください。

ＳＮＳこそパワースポットで
スピリュアルな場所

肉体を使って見えない世界と繋がる代表的なツールと言えばＳＮＳですが、世界中の人達と〝見えない電波〟により繋がっていることは誰もが疑わない事実です。

スピリチュアルの分野も科学的に解明できていないだけで、これから先の未来には「常識」として扱われることも出てくるはずです。私達の世界とは誰もが当たり前に考えていればそれは現実となります。

スピリチュアルを否定するのであれば、ＳＮＳというインターネットと呼ばれる分野も否定しないと矛盾が生じてしまいます。

だとすれば、〝体〟という道具を使って見えない力や世界と繋がることも、今は完全に解明できていないだけで、メールのようにテレパシーを送る機能が人間に備わっている可能性があります。可能性を否定するより、肯定したほうが人生は楽しくなります。

コロナ禍によってリモートワークが選択肢に加わったことはとても素晴らしいことです。神社でもリモート参拝が増え、見えないエネルギーにより、見える場所と繋がることで私達はパワーをもらえましたよね。

SNSも実際に行ったことがない場所の映像や情報を知れる豊さを私達に与えてくれました。SNSとはスピリチュアルな出来事を受け入れるキッカケの場所であり、人と人を繋いでくれる新しいパワースポットでもあります。

SNSも使いすぎによって現実の自分や人間関係に問題を起こしますが、それはスピリチュアルでも同じです。どんなツールも世界も、扱う自分の肉体や脳によって意味が大きく変わってしまうので注意が必要です。

フォロワーが〝すべて〟

ＳＮＳにおいてフォロワーや友人知人はとても大切な存在です。〝フォロワーがすべて〟この言葉だけを聞くと誤解されそうですが、これは良くも悪くもです。

数字的なことではなく、繋がりや人間関係とは〝自分と同じレベル〟です。フォロワーとは同じ感性や共感によって繋がっているので、自分の写し鏡でもあります。

挑発的な発言や炎上狙いで再生回数だけを求めてしまうと、必ず自分自身にその炎が返ってきます。

数字の大きさ以上に大切なのが数字の〝質〟です。フォロワー数が多ければ発信は多くの人に伝わりますが、フォロワー数とは〝エネルギーの量〟なので、自分の発したエネルギーの質がフォロワー数の分だけ世の中へ拡散します。そのエネルギーで変化した社会によって自分まで苦しむことに繋がります。

自己顕示欲だけの利己的な願いよりも、これからのＳＮＳはまわりの人々、未来の地球に対して利他的なエネルギーを循環させる場所にする必要があります。

〝世界を平和に幸せにしたい〟と考える方法や手段は人それぞれです。私も自分の言葉や発信で世界や日本や人々を幸せにしたいと願っていますが、正義感や使命感では押し付けになって相手を傷つけることにも繋がってしまいます。

フォロワーとは人の魂でもあります、だからこそ〝フォロワーがすべて〟なのです。ＳＮＳとはまさに〝見えない力〟によって世界に自分を広げるスピリチュアルツールです。

ＳＮＳを通じて良い繋がりのエネルギーを回し、本質的な魂の交流の場所にしていきましょう。あなたが見ている人もあなたを見ている人もすべて繋がっています。

ＳＮＳは自分の分身

スマホが一人に一つの時代ならSNSも同じです。SNSに関する問題は世界中で絶えませんが、SNSがなければ私自身も本を書いたり、トークイベントの機会をいただくことは難しかったでしょう。

スマホ本体が肉体なら、SNSやデータとは魂とも考えられます。一度スマホやSNSを開けば自分の思い出、言葉、姿、思考、人間関係など、まさに自分の分身です。だからこそ炎上した場合は命にも届いてしまいます。

SNSを開けばあまりにも多くの情報が目に入り、脳は一度に処理できる量を超えてしまいます。自分にとって必要のない情報が入ってくることで、本当に欲しい情報や知識のスペースが埋まってしまいます。

SNSで〝繋がっておいたほうが良さそうだ〟と打算的な繋がりは自分にとって〝本当に必要な人〟との繋がりを遠ざけてしまいます。本当に必要な情報や知識とは〝誰かの人生〟に時間を奪われるのではなく、〝自分の人生〟に時間を使うことです。自分の人生に集中すれば、自然と必要な情報や場所と繋がり、必要な人と出会えます。

デジタルツールに依存してしまうと先祖や親からいただいた肉体という宝物がないがしろにされてしまいます。これはスピリチュアルな世界に依存することと似ています、スピリチュアルという見えない世界は否定しているにもかかわらず、SNSという〝実態のない世界〟に心も体も大きく支配されてしまいます。

スマホやSNSを生活から完全に切り離すことは難しいですし、扱い方によっては人生を大きく飛躍させてくれる大切なツールです。だからこそ定期的に距離を取り、時間を空けることで適度な使用頻度や環境を見直しましょう。

自分の分身だからこそ、自分の本体を充実させていけばSNSも自然と充実していきます。

体から技への入り口（余談）

20代の頃ですが、私は物に囲まれた生活をしていました。クローゼットは着ない服でパンパン、玄関も履かない靴で溢れかえっていました。今となってはアウターは一枚、靴も雨用、晴れ用、サンダルの3足だけになりましたが（笑）。

何故あれだけ物を欲しがり、執着していたのでしょうか？　きっと世の中にとって価値のある物で飾っていないと、何も持っていない自分が周りにバレてしまうことが怖かったんです。

欲しい物を手にすることは決して間違いではありませんし、悪いことでもありません。目標設定や自分へのご褒美として必要な楽しみです。ただ、当時の私は違いました。足りないのは自分の外側を飾る物や、足し算ではありませんでした。もっと裸の自分を磨くことと余分な物の引き算が必要でした。

しかし後悔しても時間は戻りませんし、後悔があるから今では内側の自分を磨くことに重点を置いて生活ができています。「あの時やっておけばよかった」そう感じたのであれば、今からでも取り組めることです。

今の自分が感じたのであれば、今が一番取り組むべきタイミングなのです。私も今よりも20kg以上体重が重かった時は「もっと早く知りたかった」と言うだけで〝今やらないための言い訳〟ばかりしていました(笑)。

本には読んだ人の人生を変える力があると思っています。私もドン底の時に出会った本によって人生を変えてもらった一人です。今こうやって本を書けるのもあの時の失敗経験があるからでしょう。

本当に欲しい物が手に入らない時ほど、余計な物を持ちすぎています。余計な物を手放すから一番欲しい物を手にする準備が始められるのです。

〝繫ぐ〟

次の編は神社とパワースポットがメインの章となります。

私が神社に行き始めたのはわずか5年前ですが、決して多くの神社へ足を運んだわけではありません。

自分から見て本質(体)が整っていると感じた人には「パワースポットならあの場所がいいよ」「あなたにはあの神社がお勧めだよ」と伝えることもありますが、基本的には自宅のある地域の氏神神社や生まれた場所の産土神社をお勧めしています。

神社とは私達の御先祖様が現代に残してくれた貴重な資産です。

私達にも神社を未来へと繋ぐ役割があります。

困難にぶつかり神社やパワースポットやスピリチュアル的な道具や場所に頼ることは間違いではありません。私もその一人であり、助けてもらった経験の持ち主です。
だからこそ自分の体を通して、より一層に地球のエネルギーを活かし、増幅させて次へと繋いでいってください。

世の中の発展だけを求めて、環境を破壊してしまう時代から、より多くの人が地球を未来に向けて残していくことに意識を向け始めていますが、それでもまだ環境が元に戻るには長い時間を必要としています。

私達が生きている間に環境をこれ以上悪化させてしまっては、未来の地球や子孫へ対して顔向けできません、、、。

ご先祖様たちが生まれ変わった未来、そして私達が生まれ変わった時に地球がボロボロになっていたら、すべてが自分たちに返ってくるのです。そうならないためにも繋ぐ意識を強く持ちましょう。

技編

神社とのご縁を深めて開運をインストールする技術

神社の鏡に映るのは今の自分

「開運したい」「健康になりたい」「金運を上げたい」「恋愛運を上げたい」など、信じて参拝すれば〝ご利益〟と呼ばれるパワーをいただくことはできます。そうでなければ、私が神社インフルエンサーとして本が書けたり、人前に出て話すことになるなんて想像できませんでした（これがエビデンスになるのでは？　笑）。

ただし、大切なのは神様の力や他人の力を待っているだけでは成功はできません。神社で具体的に願いを伝えたいと思った時は自分の私生活や習慣や考え方を大きく見直して変えるタイミングでもあります。

「開運したい」→今の自分の運気は言うほどドン底なのだろうか？　命があるじゃないか。

「健康になりたい」→今までの生活習慣はどうだったろうか？　体に感謝していただろうか？

「金運を上げたい」↓普段のお金の使い方に問題はないだろうか？　お金をちゃんと好きだろうか？

「恋愛運を上げたい」↓自分は人のどこを見て判断しているのだろう？　自分は人の目にどう映っているのか？

願いを叶えたい自分の中には〝叶えられていない自分〟がいることを忘れないでください。本殿には鏡が置いてありますが、鏡には〝今の自分〟が映っています。神社で願いを伝える時は鏡に映った〝自分自身〟と向き合うことを意識してください。

ご利益の前に私達は御先祖様や両親が与えてくれた自分を大切にしているだろうか？　〝願い〟や〝祈り〟とは神様と呼ばれる存在ではなく、自分から自分へ願いを伝え、自分から他人へ祈りを捧げる行動なのです。

利己から利他への力を循環させ、過去と今と未来を繋ぐ場所として神社を使ってください。

自分の願いを叶えることを怖がらないでください。実は私たちは願いが叶ってしまうのを心のどこかで怖がっているのかもしれません。何故なら人間は現状維持を望む性質があるからです。

願いが叶って現状が大きく変わってしまうことを心の中で不安に思っていた場合、願いは逆に遠ざかってしまいます。

願いを伝える前に頭の中で願いが叶った時に起こる変化を考えてみましょう。

少しでも恐怖や不安が浮かび上がったとしたら、何故不安なのか？　何が怖いのか？　さらに深く考えてみましょう。願いを引き寄せたい自分と遠ざけたい自分は表裏一体なのです。

お礼参りでお裾分け

神社とは１０００年以上前に建てられ、これから先の未来にも存在し続ける場所なので、役割としては〝この地球を残していくためにある〟と捉えることもできます。

昔からある大きな神社が個人の願いに大きく応えたり、関与するかといえばそうとも限りません。

世界を見渡した時に目を背けたくなるような出来事、耳を疑うような事件は日々起きているのが現状です。

だからこそ個人単位のお願いを叶えることも神社にとっては必要です。小さな願いだとしても、叶ったことへの感謝によって神社自体にもエネルギーが還元されて、土地や国や地球を繁栄させるエネルギーとして循環していくはずです。

神社のエネルギーとは無限に循環するものもあれば私達人間の力を必要とする神社もあります。

そのためにも私達個人の願いが叶うことも長い目で見た時に大切な役割を果たしてくれるので、願いが叶った際にはぜひ〝お礼参り〟に行ってください。

この本を読んでから神社で願いを伝える際には、自分の願いが叶うことによって〝この地球や未来の世界に何が残せるだろうか?〟と一度スケールを大きく考えるだけでも、神様に気持ちが伝わって叶う確率が上がるかもしれません。

これは私が個人的に願いを伝える時にやっている方法ですのでシェアさせていただきました。

神社と自分をマッチングさせる

お住まいの地区の氏神神社であれば「毎日ありがとうございます」と日々の感謝を伝えるだけ十分ですが、例えば金運を上げたいと思ったら「東京　金運　神社」とネットを開いて検索ワードを入れるだけで一瞬にして東京中の金運に強い神社が分かりますのでぜひ活用してください。神社とは簡単にマッチングが可能です（笑）。

恋愛運、健康運でも同じです。〝今の自分が何を望んでいるのか？〟を明確にして参拝する神社を探してみましょう。神社では自分の願いや目標と祀られている神様の得意技が一致するほど叶う力は強く働きます。

神社によってご利益が違うのは同じ願いの人達の叶った力が循環しているからでしょう。願いが叶ったエネルギーが同じ願望を持つ参拝者の心願成就にも役立ちます。神社はお互いのエネルギーが循環する場所なので祀られている神様だけではなく、あなたも神様の一人だと思って参拝してください。

例えば〝アイデアが浮かばない〟〝行き詰まりを感じる〟〝諦めるか悩んでいる〟など、目標に対して落ち込んでいる時も参拝のタイミングです。自分が叶えたい願いと関係の深い神社へ足を運ぶことで状況が打開されることもあります。

経営者の中には神社に定期的に参拝して成功した方が沢山いらっしゃると聞きますが、きっと悩み苦しんでいる時にも経過報告や相談する気持ちで神社参拝を活用した経営者の方もいたはずです。

祀られている神様について調べてみることも何かの発見に繋がるかもしれません。神様達もまた挫折や失敗を繰り返してきたはずですから。

神社参拝も目標に対する立派な行動です、もし夢や目標に対して何から始めて良いか分からない、、そんな時こそ神社へ足を運んでみてください。

神社参拝でバイアスを取り除く

〝ご利益が強い〟〝ここに行くと必ず叶う〟〝日本最古の神社〟有名な神社へ行くことは楽しいです。しかし、極論ですが自分が行く場所をすべてパワースポットにする気持ちも大事です。

神社も最初から鳥居があり、本殿があったわけではありません。元々その土地に存在していた大自然に神が宿っていると当時の人達は感じて本殿や鳥居を作り神社として祀ったのが起源の一つです。

当時は情報もなければ、交通手段も徒歩以外ありません。食べ物の確保や四季を乗り越えることさえ困難な時代です。きっと直感力が強化され、宇宙や地球など今の私達には感じられない大きなエネルギーと繋がる力が発達していたのかもしれません。

逆に今の時代は情報の中から容易に選択することができます。便利な時代ではありますが、情報に流されてしまう場面も多くあります。しかし本当に大切なのは感覚を研ぎ澄まして情報や人の声に左右されることなく自分の直感を信じることが必要です。きっと私達にも何かを感じて繋がれる潜在的な力は眠っているはずです。

これは決して神社だけの話ではありません。私達には無意識に偏見や偏った考え方といった「バイアス」がかかっています。それはきっと情報が多すぎることによって本能や直感からくる判断を鈍らせてしまいます。

もしかすると、まだ誰にも知られていないパワースポットが隠れていて、それに気がつけるのはあなただけかもしれませんよ？　パワースポットはあなたを呼んでいます。

〝推し〟神社を作る

誰だって応援されると嬉しいです。〝推し活〟が盛んですが、推しとは応援することです。神社やパワースポットでも推しを作るのは良いことです。神社にパワーを与える側になる感覚です。

神様は参拝者から「応援してください」「見守っていてください」と言われることはあっても「応援しています」「見守っています」と言われることはほとんどありませんよね？（笑）

その中でも特に「私は神社に行ったとしても特にお願いすることがない」という人がいたらすぐに近くの神社へ行ってください。どこの神社でもパワースポットでも構いません、祀られている神様はあなたを待っていたのです（周りにそんな人がいたらぜひ神社へ連れて行ってください　笑）。

日本には8万社以上もの神社がありますが、格式や知名度など参拝客の数には偏りがあります。誰も参拝しないままだと廃神社になってしまう神社もあります。

神社の中には災害や疫病から土地や住む人々を守る役割で建てられた神社もあります。もしもその役割の神社が廃神社になってしまったら、、、。

よく参拝する神社の雰囲気が好きだったり、良いと感じたのに見渡しても参拝客が少なかったり、ネットで調べてみても有名ではないとしたら、迷わずあなたの推し神社にしてください。今はSNSで一人一人が発信できる時代です、ハッシュタグや位置情報のシェアなど簡単にできます。

人に知られたくないと思う神社やパワースポットもあると思いますが、その場所が繁栄するには人を集める、人の目に入る場所になることが大切です。

神社には人の感謝や喜びのエネルギーが必要です、もしかするとあなたが推したことで神社の知名度や参拝客が増えたら、きっと祀られている神様からお礼が届くかもしれませんよ？（損得感情も必要です　笑）

失敗するから神になれる

明治神宮や東郷神社など神社には近代史において実際に存在した人が祀られている神社もあります。

私達の生活や人生も神話と同じです、誰もが神社に祀られる可能性があります。

生まれながらにして神様と呼ばれる人はいません。神社に祀られている神様も神話の中では大失敗、敗北、挫折を経験をしています。それこそ日本の最高神のアマテラスでさえ弟のスサノオが起こした数々の事件によって伝説に残る引きこもりを起こしました（天の岩戸隠れ）。今となってはあの引きこもり事件がなければ日本はなかったかも、、（笑）。

私達の人生も同じです。今がドン底、挫折の真っただ中、失敗ばかり繰り返している、自分を傷つけた、人を傷つけてしまった、、いくつも思い浮かぶはず。だとしても失敗に気付いて学び、今日を昨日より良くしていくために必要な出来事だと考えましょう。

何かを磨く時は、優しく、丁寧に磨いていくだけではなく、時には尖った部分を激しくぶつけて削る作業もあります。自分の中にある尖りを丸く削り〝円〟という優しい形にしていく。円とは縁となり、神様は歴史と今を繋ぐ縁として、神社は時代と時代、人と人を繋ぐ縁をいただける存在です。

誰もが未熟である必要があります。だからこそみんな唯一の神として存在できる可能性を秘めています。

パワースポットは作れる

これまでパワースポットといえば、大自然の中や神社仏閣などの厳かなイメージがどうしてもありましたが、エネルギーやパワーをもらえる場所や機会ならなんでも構いません、自分で作ってしまいましょう。

私も最近では神社仏閣や自然のパワースポット以外でも、スポーツ観戦、ライブ、トレンドが集まる街、大好きな書店やカフェなど、自分にとってプラスのエネルギーで満たされている場所はすべてパワースポットと呼んでいます。

東京都檜原《ひのはら》村にある九頭龍の滝へ滝行に行った時の話ですが、滝行で頭も体もスッキリして友人達と帰ってきて、渋谷スクランブル交差点で車から降ろしてもらった時に「あぁ、こんなに人の多い場所に戻ってきてしまったんだ、、」と一瞬落ち込んでしまいました。

しかし、渋谷スクランブル交差点も景色や役割が違うだけでエネルギーに満ちているパワースポットです。一人一人が好きなファッションに身を包み、美味しい物を食べながら、欲しい物を買いながら、更には世界中から多くの人や情報が集まっているパワースポットだと感じられました。

誰かが行ったパワースポットに左右されるのではなく、自分がパワースポットだと感じた時点で良いエネルギーが残ります。次に誰かがそこを訪れたらあなたの残した良いエネルギーが循環し、訪れた人にとっても良いパワーを与えられます。

神社も元から存在していた自然を祀ったのが起源です。自分の部屋、家、学校、職場、好きなお店や公園など自分が行動してエネルギーを運んだ場所は神社やパワースポットに変えることが可能です。

それに、元々地球そのものが最大のパワースポットですよね。

パワースポットで〝今〟と繋がる

どこでもパワースポットにできれば「どこにいる時が一番幸せ」「いつが一番幸せだった」ではなく、〝今〟という時間を大切に生きることができるので、常に幸せを感じられるようになれます。

人間は未来のことを考えすぎて、今を一番犠牲にしてしまうことがあります。過去の出来事や後悔を今や未来に持ち越してしまうのではなく、いつでもどこでもパワースポットにする意識が持てれば、どの時間も自分の人生にとっては必要不可欠であることに気がつけます。

これまでの常識では出社しなければ仕事ができませんでしたし、学校に行かなければ授業を受けられませんでしたが、コロナ禍のステイホームにより自宅で仕事や勉強をすることが一つの選択肢になりました。神社にも家からリモート参拝ができる時代になりましたよね。

〝運がいい人〟とは出来事の解釈によって決まります。今自分に起きている悪いことは、次に起こる良いことに必要な過程だと解釈できれば常に今という時間、出来事、社会、人間関係にも感謝の気持ちが生まれるはずです。

悪い出来事も捉え方一つで正反対の解釈ができます。しかし、悪い出来事をそのままにしていればいつまでも悪い出来事として人生に残り続けます。せっかくの与えられた人生です、悪いことが起こった瞬間には難しいかもしれませんが、いつか振り返った時に「あの出来事は自分の人生に欠かせない出来事だった」と考えられる強運の持ち主になりましょう。

そもそも地球が生まれておよそ46億年ですが、今日こうして生きていることがとんでもない強運ですよね。

願いが〝ない〟人こそ神社へ

「願いがない」という人は散歩感覚で神社に行ってみてください。お賽銭も拝殿もしなくて構いません。何も感じなければその感覚こそ今の自分にとって必要な時間であり、正解なのです。

何も願わない、求めない状態とは「空（から）の状態」です。神様からしてみれば「あなたみたいな人を待っていた。是非これをしてほしい」と神社を散歩した後に予想もしなかった仕事や機会が入ってくる可能性があります。

私も知人の付き添いで参拝した時ですが、あえて少し離れた場所から多くの参拝者の方達が手を合わせている姿を後ろから見ているだけでしたが、その後に想像しなかった仕事をいただいた経験があります。

神様からしてみれば〝何も伝えてこないからこそ〟気になるのかもしれません。あなたを見て「あの人は○○に向いているから、○○の仕事を振ってみよう」と神様からの無茶振りをされるのかもしれません。

願いに縛られている時ほど体も頭も固くなります。願いごとがないほうが「空き容量」があるのでエネルギーが沢山入るのでしょう。最後に必要なのは脱力なのかもしれません。

瞑想やマインドフルネスが流行っていますが、神社へ散歩に行くだけでも同じ効果があると感じたので私も定期的にゼロの状態にしてから神社やパワースポットに足を運んでいます。

もちろん、ゼロのまま帰ってくることもありますけど（笑）。

神社では自分の許可をもらう

よく神社参拝の時には「～できますように」ではなく「～します」と願いが叶った完了形で伝えなさいと聞いたことはありませんか？

鏡とは「神、我を、見る」で「かがみ」です。神（かみ）の真ん中に我（が）です。神様の真ん中に我という自分がいるのが分かります。

実は神社とは神様にお願いをしているようで、自分から自分へお願いをしています。ご利益とは神様からではなく、最終的には自分から自分へ受け取る〝ＯＫ〟を出すことです。

鏡には「欲しい」と願っている自分の姿が映っているので「欲しいと思っている自分」を叶えてしまいます。あなたに許可を与えてくれるのは神様ではなく自分です。自分で許可していないのに神様が許可するはずありません。

神様はあなたの願いを叶えるんですから（笑）。

神社の神様も長い歴史の中で各時代の人間や社会と触れ合いアップデートしていきます。

この時代、世界であなたが願いを叶えるプロセスを通して神様も楽しんでいます。

私達には自らの願いを叶えたパワーを通して未来へ神社を残し、数百年、数千年先でも世界中から神社に人が集まり続ける大きなうねりを作る役割があります。

自分を大切にすることが最高のご利益

神社とは不思議な存在です。１０００年以上前、８万社以上もあるのに明確な意味はいまだに謎が多いままです。

私が感じたのは神社とは「人の体」です。鳥居の形は足の骨と骨盤にとても似ていますし、参道とはまさに産道。神社参拝とは産道（参道）を通って生まれ変われる場所なのでしょう。

本殿の鏡に映る自分こそ自分にとって〝最初の神〟だと気がつければ。御神体でもある自分の体を雑に扱うことはできません。

神社という場所だけが特別なのではなく、どんな場所でも自分の行いは常に見られています。そして自分を一番見ている神様とは自分自〝神〟です。

神社では神様に感謝を伝えるだけという人もいますが、自分に対しても感謝を伝えてください。

ビジネスで成功する、好きな人と結ばれる、沢山のお金を手にする、健康になる、ご利益にも色々ありますが、最高のご利益とは自分を大切にすることなのです。

伊勢神宮は20年おきに遷宮（せんぐう）が行われます。遷宮とは期間を決めて新しく社殿を作り直して、御神体を移すことです。「常若の思想」と呼ばれ、古くなった神殿を作り直すことで神様を永遠に若々しく保つ考えがあります。

自分自身も遷宮同様に体も心も常に若々しい状態を保つことで神社の神様へ力を与えられる存在になれます。

日本の底力を感じた日

前作のスピリチュアルアレルギーの制作時はちょうどコロナ禍、社会的にも行動や他人との関わりに制限がある状態で作り上げるしかありませんでした。連日の感染者数、行動制限、マスク着用のニュースに対して精神的にも疲れて情報を遮断していましたが、逆にその状況が自分の内省に繋がり、これまでの自分の人生や経験を振り返る機会となり完成できました。

自分との対話中に降りてくる言葉から作ることができた分、現実社会との照らし合わせや答え合わせも必要だと感じていた頃にコロナの制限も解除され、再び全国の神社やパワースポットをプライベートや取材でコロナ禍以上に巡って感じたのは、私達日本人よりも、はるかに多くのインバウンドの参拝客の皆さんが神社やパワースポットには多いということです。

もちろん海外からの観光ですから神社仏閣という日本の伝統的なスポットに人が集まるのは当然とはいえ、あの人数と日本人との比率には流石に驚きました。

2023年のある日に明治神宮へ友人と参拝した時ですが、あの広い参道で確認できる日本人らしき参拝客が私達二人だけだったのは印象的でした、、（お正月の初詣は日本人で埋め尽くされるあの参道です　笑）。世界中からあれだけ多くの観光客の人が神社に訪れている様子を見た時、私は日本の底力を感じました。

それと同時に「この光景を見ている日本人はとても少ないんだな、、」と感じました。もっと多くの日本に住む日本人がこの光景を見れば、日本には世界からこれだけ多くの人が訪れてくれる国なんだと自信が持てるはず。

それにはまず私達自身が神社仏閣や自然のパワースポットにもっともっと足を運び、目に見える景色や目に見えないパワーの両方を感じてもらえたらと思います。

分かち合いのできる場所、神社

Forbes Japan（2022.2.19）「コロナ収束後に訪れたい国」という記事で、なんと1位が日本というデータもあるぐらいです。この事実とチャンスに私達は、他国に経済的な豊かさで抜かれることを卑下したり悲観的に捉えるのではなくて、日本という国は世界から見ると私達が思っているほど〝弱くない〟〝ひどくない〟、〝むしろ〟素晴らしい国であるともっと強く自覚したほうがいいのです。

GDPという基準は落ちているかもしれませんが、今の社会はGDPの数値が高いからといって必ず豊かに生きていけるというわけではないはずです。確かに今は円安ですが安全通貨という意味で円はとても心強く、円という言葉が〝縁〟を表していると個人的には信じています。

日本とは島国かつ独自の言語なので海外のニュースに触れたり、いくらインバウンドが多いとはいえ大陸間での移動や交流は圧倒的に少ない分、言葉や文化の違う国の人達が日本に対してどう考えているのか、どんなイメージを持っているのか分からないことが多いので仕方ありませんが、良い情報は積極的に取り込んで自信を持つキッカケにしましょう。

国内のエンタメや政治経済のネガティブなニュースが多いと感じます。プレビュー数を稼ぐ意味でも見出しによってクリックさせたくなる狙いもあるのかもしれませんが、それでは無意識に日本を信じる力や自分の自信まで失われてしまいます。

自分達を信じることができるから他人を信じることができます。

日本人が本来秘めている力、日本語の中に秘められた言霊、円（縁）の強さ、神社や日本の各地に秘められた力。日本は世界で勝つことよりも、分かち合いとお裾分けの力を高めましょう。

日本はあらゆる宗教のイベントを垣根なく楽しめる文化も素晴らしいことです。宗教施設ならば他の宗教を信仰していては入ることは難しいですが、神社とは〝無宗教〟の場所です。あらゆる宗教も人種も垣根を超えて世界中の人たちが集まれる場所となっているのが神社です。そうでなければ世界中からのあれだけの数の観光客の皆さんが神社に集まるはずがありません。

神社とは国も超えてお互いのために祈り合い、お互いを〝唯一の神〟として上も下も勝ち負けもなく〝分かち合い〟のできる場所です。

階級社会や縦の組織図ではなく、お互いの個性を活かし合える横の繋がりに世界を変化させていきましょう。自分の願いだけでなく、参拝時には隣り合わせた人の願いも叶うように祈りのお裾分けをしてください。

あなたの人のために祈れる美しい姿を神社の神様もきっと見ているはずです。

どちらが先にゴールするかなど、順位を競うことは技術や時代を進化させる上で大切ですが、発展した技術によって幸せを分かち合うことこそ、本当に豊かな世界なのです。

鏡に映る自分はどんな自分？（技→心への余談）

スポーツの技には「再現性」が必要です。〝まぐれで良い球が打てた〟〝良いスコアが出せた〟などのビギナーズラックの経験は誰にでもあると思いますが、再現ができなければラッキーで終わってしまいます。技を再現するには技術的な練習の前に体の筋力、持久力が求められます。

神社やパワースポットでの祈りやスピリチュアルな知識や行動を〝技〟とするなら、願いや祈りが通じたとしても慢心してしまえば次はありません。私自身スピリチュアルは〝心〟と思われがちですが、〝技〟だと認識しています。

初めて行った神社でお願いしたことが叶った時に、感謝と努力を忘れてしまっては、再び参拝したとしても同じ結果にはなりません。参拝姿勢、そして自分の行動や努力にも再現性が必要です。

最初は純粋に「人を助けたい」と感じた良い行いであっても、崇められ頼られると人間とは弱いもので〝悪い勘違い〟を起こしてしまいます。自分の中に油断

が生まれたら容赦なく「悪いエネルギー」に引き込まれてしまいます、、、。何となく分かりますよね？（笑）

自分も人に伝えたり、文章を書きながら「今、書いている自分の行いは正しいのだろうか？」と自問自答しています。

神社の社殿に鏡があるのは、誰よりも客観的に自分の姿と心を見つめる機会だと考えています。

心編

パフォーマンスを自信→自神に繋ぐ心のネットワーク

あなたも日本を代表する一人

グローバル化、ネットニュース、SNSの情報量が増えたことによって、今では海外へ行かなくても情報は日々入ってきます、それは自分の国のニュースや話題より多い場合もあります。気をつけたいのは他の国の〝良い側面〟だけを取り上げた断片的なニュースです。

豊かに見える国でも貧富の差はあります。「日本よりも豊かな国だ」「日本は他の国と比べて、、」限られた部分だけから比較してしまい落ち込んでいませんか?

日本人はメディアによって他の国だけでなく、日本人同士も比べすぎて自信をなくしてしまっています。悲しいことに、次の時代を担っていく若い世代の自殺率が日本はとても高いです。若い人たちが無限である可能性を知らないうちに自ら死を選んでしまうことは非常に大きな問題です。

メディアにはメディウムという語源がありますが、これは「霊媒」という意味です。メディアの霊的な悪い力によって思考、心、魂、そして肉体までを支配されないでください。

私がスピリチュアルや神社に助けを求めたのは自分の人生に対して自信を失ったことがキッカケです。最初は「困った時の神頼み」で訪れましたが、参拝を繰り返す内に自分が生きているのは御先祖様や両親のおかげであり、この素晴らしく美しい文化や思考を数千年も継承してこれた日本人としてのパワーが自分には流れているんだと気がつけました。

今の日本は食べ物、住む場所、着る物に不自由しない時代です。だからこそ今の自分達の「幸せ」と「豊さ」に気付いてください。また、日本は世界から求められている場所であることにも目を向けてください、あなたはその日本を代表する一人です。

世界が交わる国

日本には突出した宗教がありません。クリスマスもお正月もハロウィーンも楽しめる国です。よく日本は無宗教だと言われますが、私は無宗教こそ最大の武器だと考えています。すべての宗教の良い部分を取り入れて、厳しい戒律や決まりを重んじず、ヒエラルキーをなくした唯一の国でしょう。

神道も宗教だと言われることがありますが、だとしたら最強の宗教とは神道なのかもしれません。

「あなたの信じている神は偽物で、私の信じている神こそ本物だ」ではなく、「あなたの信じている神も素晴らしいし、私の信じている神も素晴らしい、お互いの神様を大切にしよう」そんな考え方が神道なのです。

神社では祀られている神様の名前も役割も異なりますし、ルーツを辿れば様々な宗教の神様が名前を変えて祀られています。「どんな神様も一人の神様にすぎない」そんな精神が私は大好きです。

日本とは地球の縮図です。これは決して「日本が一番なんだ」の意味ではなく、日本とは日々多くの国から訪れる人々によって作られています。世界の文化を取り入れ、お返しに日本の文化を伝え、異文化交流によってお互いを発展させていく場所が日本です。

渋谷のスクランブル交差点は信号が変わる度に世界中の人達が交差します。世界から多くの人が訪れるということは、お互いが交流できるのが日本の役割になります。

世界が平和になるために日本という場所を活用して世界が交流するのでしょう。日本の形はよく龍に例えられますが、交流とはまさに「交龍」です。日本中に龍伝説が存在するのは、世界中の龍が交わる場所だからだと私は考えています。

日本は地球の神社です

氏神神社とは今住んでいる土地を守っていただいている神社です。住んでいる土地への感謝を忘れずに定期的に氏神神社へは参拝しましょう。

氏神神社の役割とは日々の守り神だけではなく、自分が参拝した他の神社との仲介役でもあります。格式の高い神社へ参拝したとしても氏神神社への参拝ができていなければご利益の力を最大限に活かせません。特別な場所よりも日々の当たり前の場所にこそ本当の特別は存在しています。

住んでいる場所から目線を広げましょう。国は国境で区切られていたとしても、私達の住む地球は一つです。神社参拝から、私達が地球に住めていることへの有り難さにまで感謝の気持ちを広げてみましょう。

世界は今多くの問題に直面しています。資源の奪い合い、1000年以上続く宗教戦争、国内外での人種差別など、理由は様々。これらの問題が神社参拝によってすぐに収まるなどと綺麗事は言いません。

戦争には必ず理由があります、その理由の先にはそれぞれ置かれた立場、宗教、歴史が深く絡み合っています。その問題を平和に解決する出口はまだ見えません。

しかし、神社参拝では世界中の人達が平和に対して祈る姿を見ることができます。その姿はきっと世界の未来の姿だと信じています。

日本が世界の氏神神社としての役割を果たせるように、私達も自分達から世界中の平和を祈り、大きなうねりを起こしていきましょう。

自分も神話の主人公

神話に登場する神様達のほとんどが〝危機的状況〟を経て神様になっています。もはや映画の主人公級のストーリーばかりです（笑）。

神話とは神様達が〝どのようにして神になれたのか？〟を知るキッカケです。私達の人生にも神話のような歴史と物語がありましたよね？（もし「ない」と答えた人はこれから神話が始まりますよ？　笑）

自分の人生を振り返れば、自分という〝神〟がいたことをすぐに思い出せます。自分に起こった強運な出来事とは誰にでも必ずあるはずです。それでも見つからないという方は生まれた時まで遡ってみれば分かりますよね？「今、ここに自分が在る」という最高の幸運のことです。

あなたの答えを知っているのは〝何処かの誰か〟ではありません、自分が主人公で登場するオリジナルの物語を追求してください。人生が失敗や挫折続きだったとしても、困難こそあなたが神様になれるポテンシャルを秘めている証拠です。

映画の主人公が最初から恵まれていた境遇なら何も物語は始まらないですし、そんな映画なんて誰も観ませんよね⁉

神様が特別なのではありません、神話を通じて自分にも〝秘められた力〟が存在することを忘れないでください。

スピリチュアルに悪い依存やハマり方をしてしまうと、自分以外の何か〝得体の知れない存在〟から力を得ようとしてしまいますが、自分の力を引き出すにはまず、自分の潜在能力を信じるのが最も大切です。

神社やパワースポットに行くなら自分を信じ切って、自分を主人公にしてから行ってください。きっと神様達もあなたに会えて嬉しいはずです。

だって主人公がやってきたんですから。

自分の岩戸は必ず開く

日本神話には「岩戸隠れ」と呼ばれる有名な神話があります。太陽神のアマテラスは弟である海の神スサノオの乱暴な振る舞いに嫌気がさし洞窟の中へ隠れてしまいます。日本の最高神でも落ち込んで洞窟の中に引き籠ってしまうのですから「岩戸隠れ」とは私達にも起こることです。

〝何もしたくない〟

〝部屋から出たくない〟

〝学校に行きたくない〟

〝会社に行きたくない〟

〝誰にも会いたくない〟

物語はアマテラスが他の神々によって洞窟の外に引っ張り出されて、再び太陽神として返り咲く「岩戸開き」へと繋がります。しかし、外を覗くために最初の一歩はアマテラスも自分から踏み出しています。

まずは目の前の一歩、自分の手の届くところ、声の届く相手からで構いません。自分の力だけで外に出るのではなく、小さな一歩さえ踏み出せば〝使命〟によって必ず引っ張り出されます。

逃げて隠れることが悪いのではありません。逃げて隠れたとしても、小さな一歩を踏み出すことがあなたの〝岩戸開き〟に必ず繋がります。

怖くても一歩目を踏み出す勇気だけは持ちましょう。

日本が消えたら世界も消える

歴史上で日本とは世界の中で一番長く続いている国です。長く続いている分、課題や問題に直面してしまうのも一番最初なのです。悪く捉えるか良く捉えるのかは人それぞれでしょうが、私は日本の世界に対する使命だと考えています。

日本は噴火、地震、台風、戦争、などの災害や困難を経験してもここまで繁栄、発展を遂げて現在の姿があります。

ＧＤＰは低下し、超高齢化社会が待っていると言われていますが、捉え方によってはＧＤＰの持つ経済的指標が意味を持たなくなることの始まりとも考えられます。それだけ日本では毎年のように新しい物が生まれ続けています。

経済とは膨れ上がればいつかは破裂します。細胞と同じで永遠に拡大し続けることなど不可能です。定期的な破壊があるから再び進化できます。高齢化社会も問題として考えるより、寿命がそれだけ伸びていると考えられます。もちろん健康寿命や所得の格差、など課題はありますが、世界で経済先進国と呼ばれている国にも必ず訪れる課題です。

今の日本は、ＧＤＰで世界3位以内の経済先進国ではなくなりました。しかし課題先進国として世界に先駆けて問題に向き合っていく役割があり、世界が日本の動向を注視しています。現状の日本に対して私達が悲観的になってしまっては何も始まりません、世界が突き当たる課題に対して最初に取り組めるのが日本です。

逆に私達がここで諦めてしまえば世界中でも同じことが起こってしまいます。日本がなくなってしまえば、世界もなくなってしまうのです。私達には日本の文化、歴史、伝統を通して世界に先駆けて進んでいける力が秘められています。

スピリチュアルとは自分だけの幸せや成功を願うのではなく、世界中の人達の為に祈り、行動できることが本当の幸せだと教えてくれることです。

世界のために祈れる自分へ

小さい時からＴＶに映る天皇陛下を見て不思議でした。「天皇とはどんな人なんだろう？　仕事は何をしているんだろう？」両親や先生に聞いた人もきっといると思います。

戦前までの扱いは「現人神（あらひとがみ）」と呼ばれ、天皇を神とする思想がありましたが、戦後自ら「人間宣言」をして神格化を否定しました。

天皇の仕事とは国の重要な式典、福祉関係の訪問、被災地へのお見舞い、政治への助言や承認、宮中で古くから行われている祭祀（さいし）では日本国民や世界の平和と幸せを祈ることだそうです。

私達のために祈ってくださっていると聞いた時に私の中で天皇という存在が「一番偉い存在」から「私達の象徴」と捉え直すことができました。天皇が私達の象徴であるならば私達も特別な存在です。

神社参拝ではそれぞれが願いを伝えると思いますが、地球に存在しているのが自分一人だけなら、願うことなどありませんよね？　お金、仕事、家族、健康など自分以外の人が存在しているからこそ、自分の存在が成立します。

「自分以外の人や世界のために祈る」と口では簡単に言えますが、実際は難しいことです。むしろ心の奥底で満足できていない自分の感情は見せかけの祈り以上に伝わってしまいます。だからこそ自分の願いを先に叶え、自分自身が心から幸せだと感じるまで自分を優先してください。

まずはあなたが自分自身のために幸せになる。世界平和にはあなたの幸せと平和も含まれていることを忘れないでください。そしていつか私達も天皇陛下のように世界の国や人々のために祈れる存在になれれば良いのです。

日本には地球の神様が眠っている

日本で一番有名な神様といえば伊勢神宮に祀られている太陽の神様である〝天照大御神〟ですが、地球の神様も存在しています。地球が誕生してから46億年の歴史で、現生人類が誕生したのはわずか40万～25万年前からです。誕生したばかりの地球では海は硫酸からできており、常に地震や噴火も発生し、酸素や水も一切存在せず、生物が住めるような惑星ではありませんでした。

そんな荒々しい地球の神様こそ、天地創造、国家守護の力を持つとされる、〝国之常立神〟（クニノトコタチノカミ）でした。

厳しい環境の神様だからこそ、地球に生物が住める状態になってからは他の神々に封印されてしまったという逸話がありますが、国之常立神が封印された場所がこの日本なのです。

日本は複数の地震プレートにより〝災害大国〟と呼ばれています。神社が日本に8万社以上も存在しているのは災害を抑え込む役割があったのかもしれません。

神社参拝とは本来なら地球に対する感謝を伝える場所であり、祈りの力によって災害を抑えていたと私は考えています。

今の地球は人間によって酷使されています、それに人間同士が祈り合うどころか戦争では同じ国同士で攻め合い、ネットではお互いを叩き合っているのが現状です。このままでは封印された国之常立神が再びその厳しい姿を現し、人間に対して怒りを表す日も近いのかもしれません、、、。

少しオカルトな話にはなりましたが、日本に封印されているのは私たち自身も同じなのかもしれません。一人一人が自信を持って自分の中に秘められた力、考え方を発揮して世界に対して日本という国の素晴らしさを伝えていけると信じています。

神道もすべての宗教も伝えたかったのは自分自身の先にある自分自神です。体技心を通じて自分の中の神を呼び起こしてください。それによって一人でも多くの〝八百万の神〟が世界に現れることを私は信じています。

あなたにとって一番身近な神様

スピリチュアルや神様を信じない人でもすべての人に共通した神様は存在しています。それは御先祖様です。

この日本、そして私達の体は御先祖様がいなければ〝今ここ〟にありません。私もスピリチュアルを信じ始めたキッカケがお墓参りでした。その時は御先祖様にすがる思いで助けを求めに行きましたが、御先祖様の誰か一人が欠けていたら私は今ここにはいませんでした。

御先祖様の誰一人として人生を投げ出したり諦めることなく、生き抜いて私達に繋いでくれたから私がここにいられるんだなと。お墓参りに行くと、今の自分の悩みを御先祖様に相談しますが、

「全然大丈夫だし、私達の時代からしたら贅沢な悩みだよ?」きっと答えは毎回同じな気がしますが(笑)。

それだけ今の私達の暮らしは恵まれています。それは御先祖様が命と技術を繋いでくれたから私達はこの便利な社会を生きることができています。神社も私達が生まれる前からあり、私達が死んでも在り続ける場所です。御先祖様が参拝した神社に自分も参拝しているかもしれません。

神社には色々な目的があります、願いを叶えてくれる、祈願する、目標を宣言する、感謝を伝える、目的や使い方は様々ですが、それで良いし、それが良いんです。

この世界と人類をいつまでも美しく繋ぐことが、体の中で一緒に生きている御先祖様と一緒に時代を超えて取り組めることなんですよね。

自分を繋いでくれた存在、そして繋いでいく存在を感じることができれば、スピリチュアルなんて言葉や定義に囚われる必要はありません。

スピリチュアルの変化、変質、変革（トランスフォーメーション）

スピリチュアル否定派だった私が〝見えない力〟を信じた理由は体の不調によって心を壊した経験にもあります。

スピリチュアルとは心や精神の要素が大きく、目に見えないからこそ無意識に逃げる場所や道具として依存してしまうことがありました、まさに〝スピリチュアル迷子〟な状態に一時期は苦しみました。更に現代は情報や方法が多すぎるのも大きな問題です。

しかし、自分が見えない世界や力を求めてスピリチュアル迷子になった〝偏った時間〟はとても大切な経験でした。間違えた経験があるからこそ、初期化と変革を起こす目標と出合えました。

体を強くすることはとてもシンプルです。科学的なエビデンスや方法もあり、更には体を鍛える過程で脳神経が変化し、習慣や行動が変わることで精神の変化も追いかけてきます。

見えない世界はもちろん存在しますが、魂が永遠だとしても肉体だけは先祖と両親が私達に繋いでくれた宝物です。その体に魂が入ることで〝限りある人生という時間〟〝引き継いでいく大切さ〟が分かります。人間に肉体があるのは、魂だけでは理解できないことを学ぶ必要があるからです。

前作でもお伝えしたように、スピリチュアルとはスピリット（魂）とリアル（体）の二つからなる〝スピリットリアル〟と考えています。見えない世界や力だけのスピリットに偏ってしまうと、肉体的な快楽や物質的な豊かさを否定することもありますが、しっかりと現実世界のリアルを求めてください。見える世界、肉体とは見えない世界、力、魂への入り口です。

私達は物質と肉体によってお互いの魂を磨き合い、愛し合い、肉体を通して未来へと命を繋げられるのです。

SXを促進してくれる大自然パワースポット厳選10選

氣場編

パワースポットは美術館

スピリチュアルに物質的な豊かさを手にしたい願望からハマる人もいるはずです。でも大丈夫です、私がそうでしたから（笑）。正直なところ、今もそうなのかもしれませんし、物質的な豊かさを願うことは悪いことではありません。

幸せや豊かさとは、物事の美しい側面を見つけ出せる視点です。〃センス〃と呼ばれる感覚も美しい物を見て、触れることによって磨かれる「特別な力」の一つです。

神社に参拝するたびに感じるのが〃神社とは一番最初の美術館〃ということです。歴史的な名画、彫刻、神楽殿での踊り、衣装、神事など、すべてが歴史的な価値を持った芸術です。神社参拝とは、〃体感できる美術館〃です。

もちろん神社として祀られていない自然の中にあるパワースポットも同じです。神社が美術館ならば、大自然の中にあるパワースポットとは〃アート〃そのものです。何か悩みがある、人生を好転させたい、悩みはないけど新しい気付きが欲しい、価値観を変化させたいなど参拝以外の目的でも是非神社やパワースポットへ行ってみてはいかがでしょう？

ここでは私が実際に訪れた神社や大自然の中にあるパワースポットをご紹介させてください。実は発信する中で本質に囚われすぎて、具体的な場所を紹介する機会がなかったのですが、場所を通じて自分の中で起こった変化もお伝えします。

自然とは人間がいくら計算しても敵わない美しさ、力強さがあり、時間をかけて変化して完成へ向かいます。毎日変わっていないように見えて、実は少しずつ変化しています。私達自身も毎日変わっていないようでも、必ず何かしらの変化は起こっています。

すぐに得られるご利益も欲しいかもしれませんが、毎日少しずつ変わっていけることも大切なご利益です。

〝情報を捨てる勇気〟
上立神岩

（兵庫県南あわじ市沼島）

上立神岩《かみたてがみいわ》にはトークライブで流す映像を撮るためにロケで訪れた場所です。淡路島といえば日本発祥の地として有名ですが、歴史の成り立ちや現地での言い伝えなどは各自で調べていただけたらと思います（笑）。自分で調べることで新しい発見もあるはずです。

調べると出てくるのが「日本で最初に誕生した島」「イザナミとイザナギが夫婦になる時に使われた」など神話の背景を知ることも重要ではありますが、必要以上に囚われないことも大切です。情報や先入観が入ることで、自分が直感的に気になった景色や造形美などを見過ごしてしまう可能性があるからです。信じることは素晴らしいですが、人の言葉や情報をすべて鵜呑みにしてしまうのも、湧き上がってくる感覚や直感を妨げてしまいます。

自分が見た物を人に伝える時に、どれだけ熱心に伝えても現場での感動には及びません。美味しい物を食べて食材や匂いや味を説明しても絶対に伝わらないのと同じです。

ネットを開けば1分も掛からずに写真も見つかりますが、現地に行こうと思ったら東京から新幹線、車、フェリー、徒歩と丸一日は掛かります。現代社会ではスマホで見るだけなら簡単に世界中を巡ることはできますが、逆に目から入る情報で満足してしまい、現地に行かない理由を作ってしまうことにもなります。大きさ、空気感、気温、香りなど画像以上の感動が現地には存在します。

上立神岩とは〝日本最古の場所〟にもかかわらず、日本のほとんどの人が訪れていない場所です。普段の生活でも、家の周りに〝ずっとある場所なのに行ったことがない場所〟があるのではないでしょうか？　普段は通り過ぎるだけで入ったことのない神社、カフェ、公園、など。実はそんな身近な場所にも探していた答えが待っていたりします。

遠くても、近くても気になったのであれば情報に左右されることなく行動あるのみです。

〃みんなが神様でした〃

皆神山（長野県長野市松代）

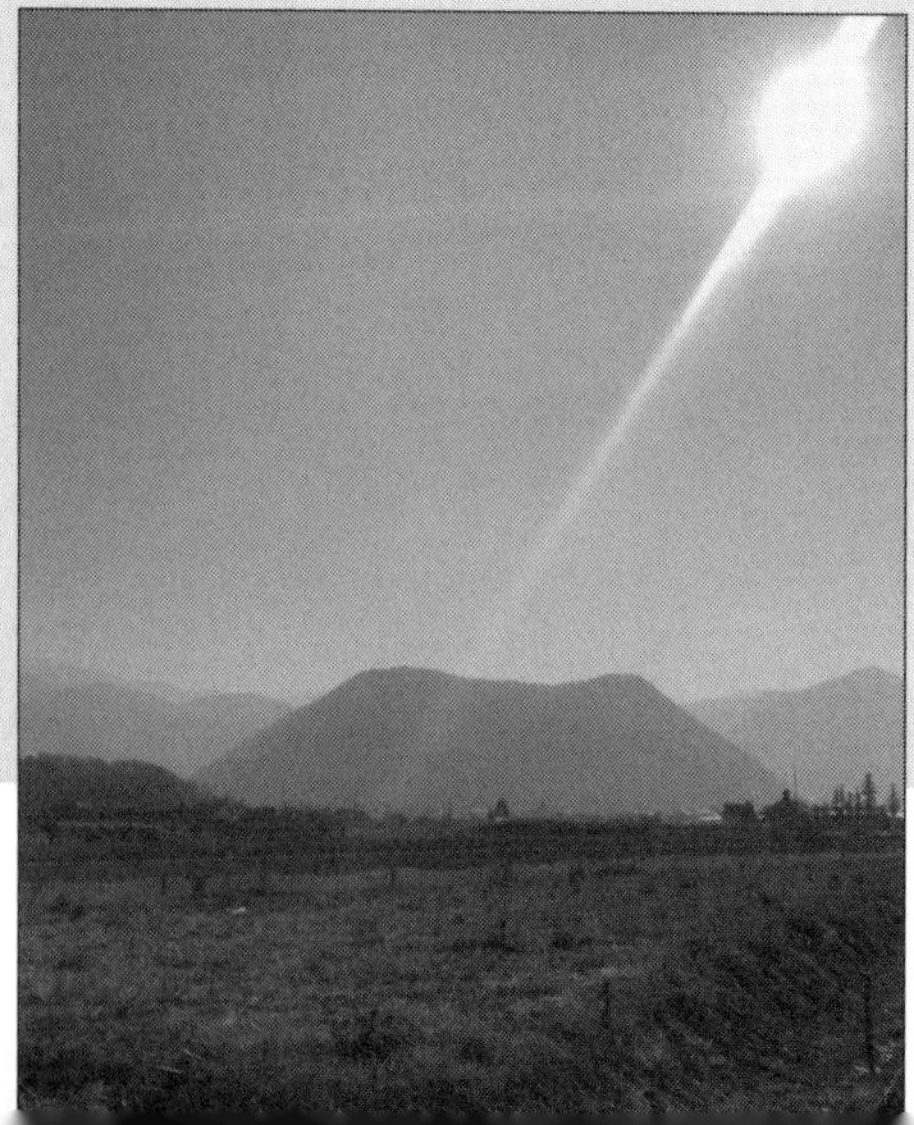

プライベートの仲間と一緒にミステリーな場所へ行く〝ミステリーツアー〟と名付けた小旅行があります。道中のサービスエリアが一番の楽しみですが、それも大切なパワースポットですよね（笑）。

記念すべき1回目の場所がこの「皆神山《みなかみやま》」でした。皆神山は沢山の不思議な出来事が起きたミステリーな山です。

〝世界最大最古のピラミッド〟〝重力異常〟〝発光現象〟など、ミステリーな現象が発生した場所です。更には「松代群発地震」と呼ばれた1965年からの約5年間で71万回以上の原因不明の地震が多発した場所なのです。

日本各地には神話で残されている不思議な話は多くあっても、現代まで続いている場所はほぼ存在しません。そんな中でも皆神山は数少ない〝神話の最中〟と言える場所なのかもしれません。

世界最大最古のピラミッドと言われているように、山の中間地点にある岩戸神社はまさにピラミッドの入り口のようでした。個人的には世界の神話とは元々が一つであり、大陸が分裂した後に各大陸がそれぞれの解釈で子孫に伝えているのだと考えています。

皆神山から感じたのは「皆が神様である」と連想できるその〝名前〟です。不思議な存在感や、出来事から人々の注目が集まることで皆神山の名前そのものが多くの人の目や耳に入ります。

言葉や文字は音になり、音は波動として耳から脳へ伝わりますが、皆神山とは存在を介して「みんなが神様なんだよ」と伝えてくれる役割があるのでしょう。

元々大地は一つであり、人種も宗教も関係なく共存していたはずです。今の時代だからこそ、皆神山という名前の意味が世界中に広がってくれたらと願います。

〝乗り気じゃない時でも良い出会いはある〟母の白滝（山梨県）

〝母の白滝〟には名前の通り、実際に母と富士山の近くまで神社参拝で訪れた時に母の提案で訪れた場所です。正直なところ、幾つか神社参拝をした後だったので、体も疲れて空腹で個人的にはあまり乗り気ではありませんでした（笑）。

車がようやく一台通れるような山道を登り、到着すると今度は車を止めて滝まで徒歩で向かいました。結果的には２０２３年に訪れたパワースポットとして一番印象に残る場所となりました。母よ、ありがとう（笑）。

滝の美しさを言葉で説明しても伝えられませんので、気になった方は是非直接足を運んでみてください。

ここでお伝えしたいのは「気分が乗らない時でも良い出会いがある」ということ。自分から行きたいと思った場所ほど勝手に期待値を上げてしまいます。自分の都合で上げた期待値を現実が超えることはとても難しいのです。頭の中の想像とは自分勝手な妄想になりがちだということは皆さんにも覚えがあるのでは？

空腹で体力的にも疲れていたのは自分の都合でした。なんとなく気分が乗らない時があるのは誰もが同じですが、果たしてその感情とは自分勝手な理由か？それとも本当に心から嫌な感じがするのか？　と自分自身に再度確認する時間を作ってみてください。

欲しい物と必要な物は中身や理由が異なります。欲しい物にはすぐ飛びついてしまいがちですが、必要な物ほど後回しになりがちです。物を買うにしても、行動を起こすにしても必要な物を先に選べると欲しい物は自然と消えていくことがあります。

御利益を追うよりも自然の形から〝あるがまま〟を学ぶことが自分には必要だったと気がつけた日でした。

〝まだ解明されていないエネルギー〟天白磐座遺跡

（静岡県浜松市）

〝パワースポットのエネルギーとは電気〟と書きましたが、それを感じたキッカケが天白磐座遺跡《てんぱくいわくらいせき》です。静岡の渭伊神社の裏にある古代祭祀遺跡です。

遺跡とは「巨大なパワーストーン」だと捉えていただけたら伝わりやすいかもしれません。パワーストーンの効果に関しては一人一人の経験で信じる信じないはお任せしますが、私がパワーストーンを信じられたのも天白磐座遺跡によってなのです。

岩の近くに手をかざした瞬間に「ピリッ」と手のひらから腕の辺りまで電気が走ったのですが、古代の祭祀場（五穀豊穣や子孫繁栄などを神に祈る場所）として選ばれたからには人間にとって何かしらの良い影響があると考えるのが自然ですよね。

家電やスマホは電気という〝目に見えないエネルギー〟で動くことはみんなが受け入れていますす。スピリチュアルにも人間が受け入れられていないだけで、動力としての可能性が必ず秘められています。栄養素でもアミノ酸やタンパク質など種類が多く存在し、役割や働きもそれぞれ違います。電気と呼ばれるエネルギーにも実は種類が存在し役割が違うと私は考えています。

パワーストーンと呼ばれる鉱石や巨大な遺跡にも人間に対して科学的に解明されていない良いエネルギーを与えてくれる可能性があります。

経験とはそれまで信じられなかった出来事や、疑っていた情報を信じさせてくれる大きな材料となります。

考えてみれば、地球自体も鉄の核があるパワーストーンです。手のひらに乗るサイズから、遺跡のような巨大な岩までパワーストーンには様々な大きさと形が存在しています。

結婚指輪や高級ブランドのジュエリーやアクセサリーに使われる宝石もパワー

ストーンの一つです。

普段意識していないだけで、私達の身の回りには多くのパワーストーンが存在しています。

人間が作り出した価値に左右されることなく、自分が良いエネルギーを感じたパワーストーンを大切にしてください。

〝縁結びの相手は新しい自分〟稲佐の浜（島根県出雲市）

出雲大社から1㎞ほどの場所にある稲佐の浜では毎年11月（旧暦の10月）に出雲大社で行われる「神在祭」と呼ばれる神様達による会議があります。この会議には全国の神社から八百万の神様が集まると言われていますが、全国の神様達が出雲に到着する場所がこの稲佐の浜です。

出雲大社といえば〝縁結び〟で有名なので、期間中に行われる〝夜神楽祈禱〟では私もご縁成就を祈願しましたが、ご縁とは考えてみると自分次第で良くも悪くも大きく変化します。

出会う相手と自分は写し鏡の関係です。相手に対して感じた疑問とは、相手を通して自分が抱えている問題でもあります。自分が不快に思ったのであれば、自分も誰かに対して同じ感情を抱かせている可能性があります。相手へ改善を求めるのであれば、まずは自分自身に対して取り組むことによって解決に向かっていくはずです。

神迎えの期間中に出雲大社では神様達が「来年は誰と誰を出会わせようか？」と会議をしているらしいのですが、誰が自分の元に訪れたとしても、相手にとって最高のご縁となるように自分を整えて準備をしておくことが大切です。

出雲大社でのご祈禱を通して感じたのは、人との出会いではなく新しい自分との出会いに向けた心境の変化です。与えられることを待つだけでは何も変化は起こりません。他人の行動は変えられませんが、自分の行動は意識した瞬間から変えることができます。

〝縁結び〟こそ待っているだけでは絶対に叶わない御利益です。あなたと出会えたことが最高のご縁だったと相手から感じてもらえるような自分を目指す決意ができた出雲の旅でした。

「出会いがない」「良い人がいない」「機会がない」と感じた時こそ、自分を変化させるタイミングです。

〝目覚めてしまっては都合の悪い力〟月山（山形県）

月山《がっさん》とは山形県にある出羽三山の一つです。出羽三山は羽黒山、湯殿山、月山の三つの山からなり、修験道の聖地とされています。羽黒山は「現在」湯殿山は「未来」月山は「過去」の意味があり、三つを登ることで生まれ変われると言い伝えられています。

私も三日間で出羽三山のすべてを登り〝生まれ変わりの旅〟を完走できました。月山は往復で8時間ほどでしたが、登り終えて帰ってきた時には〝生まれ変わった〟という感覚よりも、〝今夜はぐっすり眠れそうだ〟と〝宿のご飯が楽しみ〟が率直な感想でした（笑）。

そもそも修験道とは仏教において、険しい山に登り、厳しい修行を行うことで悟りを開き特別な力を得ることらしいのですが、修験道の意味が気になり調べてみると、実は明治5年に修験道は禁止令が出されていました。現代では言葉は一部残っていますが、多くの場合は目的が登山などのレジャーに置き換わっているので修験道という扱いにはならないのでしょう。

修験道が禁止された背景には、宗教と神社と国家による関係性があったのでしょう。修験道が盛んだった時代は今ほど国家という形が成立していなかったので、きっと〝支配を考える側〟にとって修験道で得られる個人の力とは〝目覚めてしまうと都合の悪い力〟だったのかもしれませんね（都市伝説的な憶測になってしまいますが、、）。

私は現代社会にこそ修験道の考え方や目的が必要だと感じています。よく聞かれる〝思考停止〟とは、情報や権力に対して一時期的に声を挙げたとしても、時間の経過と共に流されて言いなりになってしまうことです。

修験道の聖地と呼ばれる場所にも意味はありますが、一番大切なのは日々の暮らしの中にも〝修験道の場〟は存在しています。何気ない日々の情報操作や印象操作に支配されてしまうことがないよう、自分の中に眠っている力を目覚めさせてください。

〝滝行で今を整える〟
九頭龍の滝（東京都）

サウナや瞑想などで〝整えブーム〟になりましたが、私が〝整った〟と感じたのが滝行です。初めて滝行に参加したのが11月でした。アテンドしていただいた僧侶の方から「11月が水温も気温も一番寒いんです」とのことで、「なんてタイミングに来てしまったんだ」と後悔しました（笑）。しかし、その気温と水温によって日常生活では得られない体験がありました。

日々の思考とは〝まだ起こっていない出来事〟と〝もう起こってしまった出来事〟に囚われがちです。滝行とは暮らしの中では体験できない極限の状態に身を投じることで「今、ここ。」に集中でき、過去や未来に対する不安から解き放ってくれました。

サウナや瞑想など、整える方法は人それぞれですが〝整う〟とは過去でも未来でもなく「今」に集中することなのでしょう。考えてみれば現代は生きていることが当たり前の時代になりました。明日の食糧や住む場所にも困ることなく生活できますが、生活水準が上がることで逆に不安や悩みは増えてしまうのです。

豊さや快感を経験することで脳はドーパミンと呼ばれる快楽物質を分泌しますが、ドーパミンが出た後の反動として、自分を不安にさせることでバランスを取るのが人間の本能であり機能です。幸せや豊かさを求めることが悪いのではありませんが、今の状態でも十分に幸せであることを再確認することによって、不安による揺り戻しを回避できます。

リラクゼーションによって幸せを感じることは簡単ですが、逆に寒い中で冷たい水に当たるといった非日常を作り出し、擬似的に命の危険や不安を与えることで、日常で与えられていた「素晴らしい当たり前」への感謝を持つことが豊かさだと分かりました。

一回目の滝行で完全に病み付きになり半年後の7月にも行きましたが、夏の滝行はもはやレジャーとして楽しんでしまいました。快楽だけでなく、パワースポットも適度が大事だと学びました（笑）。

〝一時的な噂に左右されない〟将門の首塚（東京都）

日本三大怨霊をご存知ですか？　今はYouTubeや漫画などでも呪術ブームですが、神社にも怨霊を神様として祀ることで守っていただく御霊信仰があります。私自身が神社参拝に興味を持ち始めたのも実はこの御霊信仰からでした。

神話に登場する神様とは実際に存在したかどうかは定かではありません。しかし〝怨霊〟と呼ばれる祭神は確実に存在したからこそ祀られています。怨霊になった理由や経緯を調べてみると、日本三大怨霊と呼ばれる菅原道真、平将門、崇徳天皇の三人に共通している点が、三人とも真面目で正義感が強く、多くの人々から慕われていたという人物像が浮かびました。三人が存在していた平安時代とは地方政治の腐敗や貴族による権力争いなどで、陰陽師を使った呪術合戦が激しく行われていた時代です。

三人とも、利他の精神で人々の暮らしや平和に向けて活躍していましたが、それが逆に権力に目の眩んだ貴族達から疎まれたのでしょう。事実とは異なる罪を被せられ結果的には処罰されてしまいました。その後、日本中で祟りと思われる厄災が続いたことから、正式な役職に任命され、守り神として祀ることで祟りを鎮めたとも言われています。

これは現代の私達にも同じことが言えるのではないでしょうか？　断片的に切り取られたニュースだけで人を判断したり、誤った情報や印象操作によって相手を決めつけてしまうことがあります。後に誤解が解けたり、フェイクニュースだと分かれば真逆の印象に変わることもあります。情報の時点で〝発信している側〟の狙いは確実にあります。どんな情報でも最初から完全に信じるのではなく、「事実とは報道と異なる部分もあるのだろう」と予め考えに余裕を持って取り入れるようにしましょう。

私個人として〝将門の首塚〟とは東京最強のパワースポットです。それだけに多くの都市伝説や怖い話も存在してはいますが、気になった方は平将門さんを調べてから現地へ足へ運んでください。歴史を知れば彼の熱い気持ちが伝わるはずです。

〝ルールや定義は変えて良い〟

表参道（東京都渋谷区）

１９１９年に明治神宮の参道として整備されて以来、表参道と呼ばれています。「あんな人混みがパワースポットなの？」確かにそうかもしれません。しかし、神社とは私達の祈りの力を必要としているので、人が集まることは神社にとって大切な意味があります。

パワースポットと聞くと、大自然で静かな人の少ない場所や神社仏閣のイメージがありますが、人が沢山集まる街中にもパワースポットは多く存在しています。人が集まればエネルギーは多く集まります、例えば満員電車のようなネガティブなエネルギーが集まる場所もあれば、テーマパークやトレンドが集まる街などポジティブなエネルギーが集まる場所もあります。

原宿とは新しい情報やトレンドが生まれる場所です。常に世界中から多くの人達が集まり、数多くの国内外のブランド店が並び、世界的にも規模の大きい店舗が表参道には並んでいます。私自身、流行という言葉は〝龍行〟だと考えています。開運、強運、金運などを意味する龍とは自然の中にあるパワースポットだけでなく、人が多く集まる場所にも現れているはずです。

表参道とは伝統的な場所でありながら、常にお店が入れ替わる側面もあります。その時代に最適な形に姿を変える柔軟性があるのでしょう。過去の形式やルールに囚われてしまっては進化は起こりません。時代が変われればルールや常識も変えなければなりません。

表参道とは伝統的な名称と由来がある場所でありながら、中身は常に入れ替わっています。人間の細胞も同じようで常に入れ替わっています。多すぎる情報によって心も体も病んでしまう時代ではありますが、バランス良く取り入れることができれば、これ以上ないほど豊かな時代に私達は生きています。

どんな情報やトレンドを取り入れ、手放すのか？　センスとは拾う物と捨てる物のバランスが大切です。自分の中にある古いルール、価値観に囚われることなく、それでいて新しい情報に流されず変化させていきたいものです。

〝誰も孤独にはならない〟
お墓参り（某所）

神社に祀られている神様の中には実在した人物も存在します。子孫の方々にとってはご先祖様が人から神様として扱われているのも不思議な感覚ですよね。だとしたら私達にとっての一番身近な神様とはそれぞれのご先祖様です。他の章でもお伝えしましたが、ご先祖様がいなければ今の私達は存在していませんからね。

さて、亡くなったご先祖様達はお墓にいるのでしょうか？　私としては、お墓にご先祖様達はいないと考えています。とは言っても、私も毎月お墓参りには行っているのでお墓の存在を否定しているわけではありません。

お墓とは亡くなった魂を縛り付ける場所ではなく、ご先祖様達の魂が集まれる場所であると考えています。お正月に家族全員が実家に集まる感覚です。

お盆などはご先祖様が家に帰ってくる期間ですが、お墓参りとはあの世にいるご先祖様との電話に近い感覚をイメージしています。

私は毎回お墓を磨きながら「最近はこんなことがあったんだよ」「今こんな悩みがあるんだ」と一方的に語りかけることをしています。私には特別な力がないので、問いかけに対して答えらしき声やお告げを聞いた経験はありません（笑）。

しかし、考えてみればご先祖様はこの世界から消えてしまったのではなく、私達の体の細胞の一部として一緒に生きています。自分の体や命を自分だけのものと考えてしまうことはご先祖様達からしたらとても寂しいはず。私達がいつかご先祖側になった時に子孫が「私の中でご先祖様も生きているよ」と考えてくれていたらどれだけ嬉しいか、、、。

孤独に苦しみ、寂しさに押しつぶされそうだとしても、あなたの存在とは、沢山のご先祖様によって繋いでもらって今ここにいるのだと思い出してください。

お墓参りとは自分が先祖を代表して今の世界を生きていることを教えてくれる最強のパワースポットです。

神社編

自分初期化&アップデートに最適な神社厳選8選

気になったら
行っていただきたい神社

私には〝神社インフルエンサー〟の肩書きがありますが、そこまで多くの神社に参拝していません（それで良いのか？　笑）。

日本には8万社以上の神社があり、すべての神社に参拝するのは不可能です。世界中にいるすべての人と出会うことができないのと同じで、神社との出会いも人それぞれです。「気になったら行っていただきたい」と書いた理由は、自分にとってのベストタイミングが訪れた時に参拝するのが一番だからです。人には人のペースやタイミングがありますし、すぐに行くよりも、本当に必要な場所や出会いならば、何ヶ月後もしくは何年後であっても機会は必ず訪れます。

普段から足を運ばない人でも、神社とは七五三、初詣、結婚式など人生の門出や一年の節目になれば訪れることのある場所です。普段の何気ない参拝によって、物事が始まる節目になる可能性も大いにあります。

大切なのは目的を強く意識するよりも、心に余白（スペース）を作ってから参拝してください。スマホやパソコンでもOSをアップデートする時には空き容量や充電が必要ですよね？　隙間や空白があるから新しい物を取り入れることができ、体力や余裕があるから思考にも変化が起こせます。

ここで紹介する神社は私自身、参拝した前後で考え方や行動が大きく変わった場所です。神社に足を運ぶことで、焦っていた自分に気がつけたり、視野が広がったり、自分に与えられていた豊かさを再確認できます。

神社やパワースポットに行き始めた頃の私は気になった場所があれば、手当たり次第に行っていました。しかし、当時は必死になりすぎて視野や思考が狭まり、目的と手段が入れ替わっていたことに今になって気がつけました。これを読んでもし気になった場所があれば、少しだけ余裕と余白を作ってから訪問、参拝してください。自ら作り出せたスペースによってすべてが繋がり動き始めます。

〝それぞれのタイミングこそ一番〟

玉置神社（奈良県）

訪れた神社の中で到着まで一番時間がかかり、道が険しかった神社なので忘れられません。玉置神社に祀られている神様はあの日本に封印されたとされる、天地創造の神、国之常立神です。悪霊退散、開運、厄除け、病気平癒、家内安全、立身出世、安産など、ご利益と呼ばれる要素のすべてを網羅していますが。、参拝して感じたのは「到着できたことが最大のご利益だ、、」それくらいに長くて険しい道のりでした（笑）。さすが国之常立神ですね。

玉置神社には個人的な考察があります。玉とは「命」を表しており、地球上で初めて命が置かれた場所なのかもしれません。それだけ山奥で人が容易に辿り着けない場所にあるのです。ネットで玉置神社を調べると分かるように「呼ばれた人だけが行ける」といった感じの書き込みを目にしますが、必要以上に構える必要はありません。

どんな場所にある神社でも「自分には行く必要がある」と感じたのであれば必ず行くことになります。行きたいと思った時に辿り着けなかったとしても、今は行く必要がなかっただけです。

目標や夢も同じです。結果がすべてなのではなく、目標の場所に辿り着く過程こそ今の自分に必要なのです。向かうと決めた時から神様はあなたを見ています。行きたいと願った時点で神社とあなたは繋がります。一回目で到着できなかったのなら、二回目のほうがあなたにとって本当に必要なタイミングなのです。「あ、次のほうが自分にとってはベストタイミングなのか！　それまで楽しみにしていよう」で大丈夫です。必ず機会は訪れます。

余談ですが「もう一回行く？」と聞かれたら悩みます。それだけ大変でした。しかし心の中では「いつかまた訪れることになりそうだ」と感じています。

神社に呼ばれるとは、神様によって呼ばれるのではありません。あなた自身が必要な神社と自分を結びつけるのです。

〝エネルギーを寄付する場所〟

秋葉神社（東京都表参道）

表参道の交差点の近くにある小さな神社ですが、見逃してしまうほど小さいですが、そのご利益は見逃せません（笑）。

土地を守る神社にご挨拶をすると、実際にその土地とのご縁がいただけることを実感した神社です。

コロナ禍の話です。仕事や予定もほとんどなく、先も見えず不安な日々を過ごしていました。打ち合わせの帰りに表参道を歩いていた時に秋葉神社が目に入ったので「この場所でお仕事ができますように」と伝えたところ、少ししてから表参道にある会場でトークライブのお仕事をいただきました。（しかも2年間のレギュラーイベントに発展）トークライブの内容は日本中をロケで回り、訪れた場所の神話や龍伝説から現代生活に活かせる考察を伝える内容でした。

秋葉神社にはもちろん強いエネルギーがあるのでしょうが、ここでお伝えしたいのはすべての神社とは置かれている土地を守り、未来へ向けて繁栄させる役割があります。自分の願いを叶えることで、神社とエネルギーを循環させて、その場所を未来に向けて繁栄させることに繋がります。

もちろん個人的な願いや目標を伝えることも大切ですが、私達の願いには相手がいて、暮らす場所が必要です。願いを叶えるのは自分次第かもしれませんが、願いとはお互いがいるから価値が生まれることを忘れてはいけません。

神社は建てられた目的が違えば、祀られている神様も違いますが、土地を守る役割だけは共通しています。大企業も利益の一部を環境保護などに寄付しますが、お金はエネルギーなので、私たちの願いが叶ったエネルギーもお金と同じ様に寄付する気持ちで参拝してみてください。

あなたの願いが叶った喜びのエネルギーを神社と循環させて大切な場所を守る役割に繋げてください。

〝神社と人を繋ぐガイド役になる〟

志賀海神社（福岡県）

不思議なご縁を頂いたのが福岡の志賀海神社です。龍神系の神社を探して参拝していた時期に、「日本中の龍神様が集まる場所だよ」と尊敬する方から志賀海神社を教えていただきました。

神社参拝を目的に福岡まで行くことを決めた途端、SNSを見ていた福岡在住のフォロワーの方からオファーをいただき、トークイベントを開催することになりました。しかも前日には一緒に志賀海神社に成功祈願へ行くことにもなりました。初対面にもかかわらず、最初から意気投合し素晴らしい神社参拝になりました。翌日のトークライブも大成功で、なんと定期的に福岡でイベントを開催する流れにまで発展しました。

神社とは場所以上に誰と参拝するかが大切になります。七五三、お宮参り、結婚式などの節目の行事では家族と参拝しますし、家族同様に、一緒に参拝した方との縁は末長い関係となります。

オーガナイザーの方は福岡で活動をし、地元の活性化に努めている方でした。ここで感じたのは、神社で頂くお役目には自分以外の人と神社を繋ぐガイド役もあるのだと分かりました。自分はあくまでも仲介役で、相手と神社を繋ぐ役割に徹するのです。自分だけの利益や得を考えて行動するのではなく、何故か物事がスムーズに運ぶ場合は、ガイドに選ばれた可能性が高いのです（志賀海神社への参拝からトークライブに発展した流れなど）。

人と神社を繋ぎ、日本各地に訪れることも〝神社インフルエンサー〟としての活動だと実感できました。皆さんも友人、知人、家族と神社を繋ぐガイド役を意識してください。きっと想像を超えた場所や人との出会いが始まりますよ。

これは偶然ですが、志賀海神社には応神天皇の母である神功皇后が戦いの成功を祈願し神楽を舞ったという伝説があるのですが、昔の紙幣に描かれていた神功皇后様のお顔とイベントオーガナイザーのRさんが似ているとトークライブ中に盛り上がりました（笑）。

〝年齢は関係ない〟丹生都比売神社（和歌山県）

皆さんは自然の景色を見て涙を流したことはありますか？　私自身、映画やドラマで泣いたことはあっても景色に感動して泣いた経験はありませんでした。しかし、２０２２年の秋に高野山へ向かう途中に立ち寄った丹生都比売神社《にうつひめじんじゃ》で真っ赤な紅葉と鳥居の赤色が重なった景色に感動し涙が流れた時、景色に感動して涙を流せたことに嬉しくなりました。人は経験を積むほど強さは増していきますが、強くなるほど涙を流すことは少なくなるのかもしれません。

涙とは「さんずい」に「もどる」と書きます。禊では川で体を洗い流し身を清めますが、泣くことも大切な禊になります。

年齢や経験によって強さが増すことは良くても、感動に対して鈍感にはなりたくありません。

丹生都比売神社に祀られている神様の丹生都比売大神《にうつひめおおかみ》には魔除けのご利益だけでなく、不老長寿の力があると伝えられています。歴史には不老不死を求めた逸話は多く存在していますし、現代でも不老に関する研究は続いています。私自身もできることなら年は取りたくないのが本音です。

しかし人間の肉体には必ず終わりが訪れます。終わりがなければ新しい始まりはやってきませんし、死とは次への始まりだと考えています。肉体を通した人生には終わりがあるから価値があり、何かに挑戦することに対して年齢は関係ありません。自分の挑戦に対して人や世の中がなんと言ってこようが、あなたの人生なので気にせずに取り組むべきです。

不老不死とはいつまでも挑戦し、興味のあることに取り組める心の状態なのです。肉体には必ず終わりが訪れますが、魂は永遠だと信じています。魂が年を取らないと分かれば常に挑み続けることができます。

不老不死とは肉体や見た目ではなく、心の状態であると教えてくれた神社でした。もし年齢を理由に諦めたことがあるならば、もう一度取り組んでみてはいかがですか？　その際は是非、丹生都比売神社へ参拝してください。

〝願いは忘れるくらいで丁度いい〟
出羽三山神社（山形県）

氣場編の月山でも書かせていただいた出羽三山へ行った時のことです。
二日目に控えている月山の登山に向け、初日は羽黒山にある出羽三山神社へ参拝に行ったのですが、山頂までの石段が2446段あるなんて聞いていませんでした（笑）。いや、正確には聞きたくなかったのかもしれません、、。

最初は色々と考える余裕がありましたが、2446段のおかげでマインドフルネスの様な感覚になり、目の前の階段を登り続けることに集中できました。なんとか登り切って山頂では素晴らしい神社の境内や木彫りの龍などを参拝できましたが、問題は帰りの階段です。膝はガクガク、足もパンパン、体力も限界で、明日の月山登山なんて考える余裕はありません。

「これ、明日辞めませんか?」と笑いながら話をしていましたが、内心は本気で言っていました（笑）。

考えてみれば「生まれ変わりの旅」と呼ばれる出羽三山の中でも、羽黒山の意味とは「現世」です。今に集中しなければ、未来はありません。過去の後悔も今の捉え方によって悪い出来事も必要な経験に変えることができます。この時の自分は、翌日の月山に気が囚われて、気持ちが今にありませんでした。一番大切なことは今を全力で生き抜くことです。どんな試練があったとしても、目の前の一歩に集中し、精度を高めることが未来に繋がります。未来への願いはあったとしても、忘れるくらいにして今に集中することの大切さを羽黒山が教えてくれました。

二日目の月山も登り切れましたが、やはり大切だったのは「今、ここ」に集中して足を進めることでした。前日には羽黒山の2246段の石段を往復し、翌日には往復7時間以上の登山を成し遂げた自分は〝これまでの自分〟から見事に生まれ変わったのだと感じました。三日目の湯殿山が終わる頃には旅の前に考えていた願いなど忘れていましたが、そのくらいで丁度良かったのでしょうね。

ちなみに、湯殿山は「語るなかれ、聞くなかれ」と言われているので、ここでは何も書きません（笑）。

〝お金の価値を考える場所〟
新屋山神社（山梨県）

皆さんは金運日本三大神社の一つ、新屋山神社《あらややまじんじゃ》はご存知ですか？　本宮はアクセスがいい場所にありますが、奥宮は富士山の二合目にあり、参拝できる期間も限られています。遠方の方は両方に合わせて参拝できる時期を狙ってください。

さて「金運」とは一体なんでしょうか？　宝くじが当たりますように？　仕事が成功して収入が増えますように？　私自身が金運を願う時は自分は何がやりたいのか？　それによって誰が幸せになるのか？　何が欲しいのか？　自分がお金を持った姿を細かく想像して参拝しています。最初は他力本願な気持ちで参拝をしていたんですが、神社と銀行が似ていると分かってからは考え方を変えました。

銀行でお金を借りようとしたら事業計画書が必要です。神社で金運を祈願する時も同じです、お金とは目的の手段なので出口が明確になっていないと入ってきません。お金とは目的との交換ツールでもあるので、何と交換するのかを明確にして参拝することがご利益に繋がる大切な計画書になります。

「金運神社に参拝するのは抵抗がある」「お金ばっかり求めて卑しい」と感じている方も、お金の出口を考えて参拝してみてください。

私も最初は金運神社に抵抗があったので気持ちは分かります（笑）。

金運を願う時に大切なのは「寄付をしたい」などではなく、自分のために使うことを考えてください。寄付とは自分に使った後に世の中へのお裾分けで構いません。

金運神社とは、人のお金に対するエネルギーを集める銀行のような場所です。集まったお金のエネルギーを参拝者に分配しているのでしょう。参拝しても効果がないと感じても、必ず自分の番は訪れます。ただし、目的が明確ではないと順番は後回しになってしまいます。〝なんとなくお金が欲しい〟から、明確にお金の価値観や意味を考えるキッカケこそ金運を上げる最初の一歩です。

〝世界から龍が集まる場所〟

明治神宮（東京都）

明治神宮は世界中から参拝客が訪れる日本が世界に誇るグローバルな神社です。御苑の奥にある「清正の井戸」は富士山と皇居を結ぶ「龍脈」とも言われています。

龍とは空想の生き物ではなく、一人一人の生み出す「流れ」だと私は考えています。明治神宮には世界中の人達が集まるので、世界中の龍が集合する場所なのでしょう。〝一の鳥居〟も原宿の交差点と渋谷のスクランブル交差点からほぼ一直線の位置にあり、世界から集まるエネルギーが明治神宮には届いているはずです。

龍は世界中の神話に登場しますが、中には悪の化身として描かれている場合もあります。人間にも正義や悪が存在するのと同じで、悪として描かれている龍にもきっと理由があるのでしょう。

自分を絶対的な正義だと信じ込んでしまえば相手を悪だと決めつけ、お互いの正義感がぶつかり合えば戦争へと発展しかねません。自分の正義と相手の正義が争うことがない様に理解し合う必要性がこれからの世界には必要となります。

明治神宮とは創建から約100年と若い神社です。若さとはエネルギーの性質によって大きく左右されてしまう恐れもあります。明治神宮とは常に世界の流れを取り入れて変化しつつ、世界の真ん中になれる可能性を秘めた場所です。正義や平和の価値観とは人それぞれですが、だからこそ自分の思想も常に柔軟である必要が求められます。

新しい文化や考え方を取り入れ、世界中から訪れる人達と明治神宮を繋ぎ、世界中から集まった龍達の力をより良い世界へ流していきましょう。

明治神宮にはよく参拝するのですが、自分の中に生まれた変化に対して敏感でいさせてくれる大切な場所です。

〝始まりの場所を知る〟

戸隠神社（長野県戸隠村）

平川神社（長野県白馬村）

0歳から15歳まで長野県の白馬村で育ったので、戸隠村という名称は知っていたのですが、実際に訪れた記憶はありませんでした。戸隠といえば戸隠神社《とがくしじんじゃ》が有名ですが、私も神社と龍の存在に興味を持ち、辿り着いたのが戸隠神社の九頭龍社でした。

龍伝説がある有名なパワースポットですので、すぐに参拝したいと急いで計画して向かいました。当日は高速道路を降りると神社への道には少しだけ雪が積もっていました。元々住んでいた長野県にある龍伝説で有名な神社、しかも雪道が出迎えてくれたので「これは呼ばれている！（笑）」とよく分からない理由をこじつけて気合を入れて、九頭龍社を参拝しました。

九頭龍社に参拝後、近くまで来たので隣にある白馬村に向けて山を越えて向かいました。村に到着し、卒業した小学校の前を通った時に校舎の裏に神社があったことを思い出し、立ち寄ることにしました。

「平川神社って名前だったのか、、、」と懐かしく感じながら鳥居をくぐった瞬間に懐かしい記憶が蘇って来ました。小学校3年生の授業で平川神社の鳥居を描いた記憶です。場所とは面白いもので、現場に到着すると普段では全く思い出せない記憶も蘇ってくるんですよね。この神社では幼稚園の頃は神社の広場で誕生日会をみんなで祝ったり、小学生になるとお神輿を神社まで担いだ記憶まで思い出しました。

「あぁ、こっちの神社に呼ばれていたのか」と腑に落ちました。もちろん、戸隠神社が繋いでくれた縁であることを忘れてはなりません。

日本には数多くの神社が存在しますが、それぞれに大切な神社は存在します。参拝者数が日本一、格式が一番高い、歴史が一番ある、ご利益が貰える、と神社に関する情報は沢山あります。しかし、本当に大切なのは自分が生まれ育った場所の産土神社や、今生活している場所の氏神神社を大切にすることです。

普段のあなたを一番見てくれている神社が必ずあり、自分では見えない部分、気がつかない時でもあなたを助けてくれるのです。だからこそ、普段の自分の行動や言葉も見られて、聞かれていることも忘れないでください。

「困った時の神頼み」とは言いますが、本当に大切なのは〝困っていない時の神頼み〟なのです。

困った時にだけ何かお願いをするのではなく、日々の感謝や、何気ない出来事の報告を続けていくことが大切です。

神社の神様にとって常連さんになることで、いざ困った時に手助けをしてくれたり、自分の力で打開するキッカケを与えてくれるのです。

何よりも、日々しっかりと参拝していれば、自分の行動や思考を振り返り、困ることが起こる前に改善できる習慣がついてくるはずです。

神社とは神様と繋がる場所でありながら、自分の中にいる自分と繋がる場所だと改めて思い出させてくれた始まりの場所でした。

終わりに

〝スピリチュアル〟という言葉がメディアやネットニュースに現れると、未だに多くの方は怪しいイメージを連想してしまうのではないでしょうか？　しかし、本当のスピリチュアルとはどこにも〝属さない〟自分自身の肉体と魂の在り方なのです。

前作でも〝私は元々スピリチュアル大嫌いだった〟と書かせていただきましたが理由としては〝見えない物を信じて、見える物を蔑ろにしている世界〟に疑問を感じていたからです

とは言いつつも〝見えない力〟が確実に存在することは私も信じています。

神社インフルエンサーとして全国のあらゆる神社やパワースポットに訪れて感じたことは、

〝自らの努力なくして成功はない〟

〝自力を尽くすから他力や神力が現れる〟

〝神へではなく、未来の自分への宣言〟

自分自身もスポーツトレーナー、デザインクリエイターとして活動してきてこの世とは常に行動による失敗と成功による試行錯誤だと実感しました。自己努力、研鑽、探求のないところに〝ご利益〟や〝見えない力〟は訪れません。

一番信じるべきは自分自身（自神）なのです。

これから始まる世界の大きな変化に私達日本人は何が示せるのでしょうか？　何を示さなければならないのでしょうか？　国や団体としての大きな枠の変化ではなく、自分という一番小さな枠の変化が始まりなのです。

スピリチュアルトランスフォーメーションのアイデアを２０２３年、夏の終わりに石井社長と編集担当の溝口さんにお話しした時に、強く背中を押してくださったことが今作を書く上で大きく背中を押してくれました。

私のアイデアや言葉を世の中の方々へより多く、深く、分かりやすく届けられるのもヒカルランドの皆さまの力があるからです、本当にありがとうございます。

（これからも数多の無茶振りを失礼します　笑）

そして今作を手に取って最後まで読んでくださった皆さま、本当にありがとうございます。皆さまとは神社やパワースポットで偶然お会いできることを楽しみにしております。

そして一緒に自分の中にいる神を起こし、龍を動かしてこの日本、そして地球をより良い未来へと繋いで行きましょう。

八木勇生

(了)

八木勇生　やぎ ゆうき

作家、神社インフルエンサー、ミステリーボイジャー
書籍、トークライブ、SNSにおいて独自の神社参拝やパワースポット巡りを提唱する神社インフルエンサー。
デザインクリエイター、スポーツトレーナーの経験を活かした神話、歴史考察を発信。
神話、歴史、都市伝説、社会経済、エンタメなど、様々な情報に鏤められたメッセージを紡ぐミステリー"ボイジャー"(神秘探索者)。

Note
YAGI NOTE MAGAZINE

自分龍に目覚める
［SX］スピリチュアルトランスフォーメーション

第一刷 2024年7月31日

著者 八木勇生

発行人 石井健資
発行所 株式会社ヒカルランド
〒162-0821 東京都新宿区津久戸町3-11 TH1ビル6F
電話 03-6265-0852 ファックス 03-6265-0853
http://www.hikaruland.co.jp info@hikaruland.co.jp
振替 00180-8-496587

本文・カバー・製本 中央精版印刷株式会社
DTP 株式会社キャップス
カバーデザイン 吉原遠藤
校正 麦秋アートセンター
編集協力 宮田速記
編集担当 溝口立太

ISBN978-4-86742-386-8